공학은 세상을 어떻게 바꾸었을까?

황진규 글 | 박연옥 그림

어린이 나무 생각

글을 시작하며

여러분의 꿈으로 '공학자'는 어떤가요?

여러분은 꿈이 있나요? 가끔 어른들이 여러분에게 묻곤 하지요.

"넌 커서 뭐가 되고 싶니?"

이 질문에 분명하게 답할 수 있는 친구는 많지 않을 거예요. 학교 다니랴, 숙제하랴, 학원 다니랴 정신없이 살다 보니 정작 "내 꿈은 뭘까?"라는 질문을 스스로에게 해 볼 여유가 없었을 테니까요.

그러나 교과목 공부만큼, 아니 그보다 더 중요한 것이 자신만의 꿈을 찾는 거예요. 영어, 수학, 과학, 국어 시험에서 100점을 받아 자랑하는 것보다 "나는 나중에 이런 사람이 될 거야!"라고 당당하게 말할 수 있는 것이 더 필요해요. 물론 학교 공부를 열심히 하는 것은 여러분의 꿈을 이루는 데 도움이 되어 줄 거예요. 하지만 공부는 도움을 줄 뿐이지 꿈을 찾는 데 도움이 되지는 않아요.

외교관이 꿈인 친구, 과학자가 꿈인 친구, 소설가가 꿈인 친구가 있다고 해 봐요. 그 친구들이 영어 단어를 외우고, 과학 문제를 잘 풀고, 국어를 공부하는 것이 꿈을 이루는 데 큰 도움이 되지만 영어, 과학, 국어 공부를 열심히 한다고 해서 외교관, 과학자, 소설가라는 꿈을 찾을 수는 없어요. 꿈을 이루는 것과 찾는 것은 조금 다른 문제거든요.

그렇다면 꿈은 어떻게 찾을 수 있을까요? 일단 자신이 무엇을 좋아하는지 곰곰이 생각해 보는 게 필요해요. 부모님이 권해서라거나 남들이 멋지다고 하니까 선택하는 것이 아니라 정말 자신이 좋아하는 게 무엇인지 말이에요. 또 여러 분야에서 일하는 사람들을 가능한 한 많이 만나 보는 것이 좋은 방법이에요. 하지만 그렇게 할 수 없다면 책을 통해 다양한 사람들을 만나는 것도 방법이지요.

이런 과정 속에서 여러분의 꿈이 무엇인지 자연스럽게 찾을 수 있어요. 자신만의 꿈을 찾을 수 있다면, 지금 하는 학교 공부도 훨씬 재미있어질 거예요. 공부하는 목적이 생겼으니까요.

저는 꿈을 찾는 여러분을 도와주고 싶어요. 그래서 세상의 수많은 학문 분야 중 하나인 '공학'을 소개하려고 해요. '공학'이라니 좀 낯설지요? 아마도 여러분이 학교에서 배우는 교과목 중에 공학이 없기 때문일 거예요. 하지만 공학은 아주 중요하고 또 흥미로운 분야랍니다.

이 책을 통해 여러분이 공학이 무엇인지, 또 공학자는 어떤 일을 하는지 알게 되고, 흥미를 느껴 공학자라는 꿈을 가질 수 있는 좋은 기회가 되었으면 해요.

여러분에게는 아주 많은 가능성이 있어요. 여러분은 무엇이든 될 수 있어요. 그러니 너무 시험 점수에, 학원 다니는 데, 수학 문제 하나 더 푸는 것에만 자신을 가두지 말고, 많은 분야에 관심을 가져 보세요. 꼭 공학자가 아니더라도 이 책을 통해 여러분의 꿈을 찾을 수 있었으면 좋겠어요.

자, 이제 공학이란 어떤 것인지, 공학이 우리가 사는 사회에 어떤 영향을 끼치는지 살펴볼까요?

차례

글을 시작하며 여러분의 꿈으로 '공학자'는 어떤가요? 4

1장 공학은 무엇일까요?

불편함을 해결하는 공학 12
공학은 다른 학문과 어떻게 다를까요? 17
공학은 어디에 쓰일까요? 23

2장 공학은 어떻게 변해 왔을까요?

공학은 언제부터 시작되었나요? 34
공학은 어떻게 발전해 왔을까요? 39
공학의 미래는 어떤 모습일까요? 48

3장 세상을 바꾼 공학 기술에는 어떤 것이 있을까요?

세계 여행의 꿈이 이뤄졌어요 56
편지 대신 전화로 63
참치가 깡통에 들어간 이유 67
컴퓨터에서 스마트폰까지 72

4장　우리 역사를 바꾼 공학에는 어떤 것이 있을까요?

우리 역사 속의 공학 82
용포를 입은 공학자와 물시계 92
조선 시대에 로켓을 쏘아 올리다 100

5장　공학자는 어떤 사람일까요?

호기심이 많은 사람 108
도전하는 사람 113
상상력이 뛰어난 사람 118
응용을 잘하는 사람 123

6장　세상을 바꾸는 공학

다이너마이트의 두 얼굴 132
공학은 사람들에게 항상 이로울까요? 137
공학을 어떻게 사용해야 할까요? 142

글을 마치며　우리 주변에는 항상 공학이 있어요 146

1장

공학은 무엇일까요?

불편함을 해결하는 공학

공학의 시작은 불편함을 알아내는 것

공학이라는 말은 낯설지요? 그럴 법도 합니다. 아마도 공학이 수학, 과학, 영어처럼 학교에서 배우는 과목이 아니어서일 거예요. 하지만 공학은 국어, 영어, 수학, 과학만큼 중요합니다. 사람들이 과거보다 편리하고 안전하게 살 수 있게 된 것이 바로 공학 덕분이거든요. 공학이 어떻게 사람들의 삶을 편리하게 만들어 주었는지는 뒤에서 자세히 살펴보기로 하고, 우선 공학이 무엇인지부터 알아볼까요?

공학은 불편함으로부터 출발합니다. 집에서나 학교, 학원에서 어떤 불편함을 느낄 때가 있지요? 예를 들면, '걸어가기에 학교가 너무 멀다', '가방이 너무 무겁다', '의자가 딱딱하다' 같은 불편함 말이에요. 이런 것을 공학에서는 '문제'라고 합니다. 어려울 건 없어요. '문제'가 있다는 건 불편하다는 말이니까요.

공학의 시작은 불편함을 주는 문제를 알아내는 것으로 시작해요. 그러니까 만약 살면서 아무런 불편함이나 문제를 느끼지 못한다면, 공학은 시작될 수 없는 거죠.

공학의 목표는 문제를 해결하는 것

그런데 공학이 불편함이나 문제를 알아내는 것으로 끝나는 건 아니에요. 이건 공학의 시작일 뿐이지요. '언제 올지 모르는 버스를 기다리기에 너무 답답하다', '왼손잡이가 편하게 사용할 수 있는 가위가 있었으면 좋겠다'라는 불편함이나 문제를 알아내었다고 그것을 공학이라고 할 수 없어요. 공학은 문제를 발견하고 이에 대한 기술적인 해결책을 제시하는 학문이거든요. 그러니까 공학을 간단히 정리하면, '문제를 발견하고 그 문제를 해결하기 위한 학문'이라고 할 수 있어요.

'걸어가기에 학교가 너무 멀다'라는 문제를 해결하기 위해 '킥보드'를 만드는 것이 공학이에요. '가방이 너무 무겁다'라는 불편함을 해결하기 위해 등 뒤로 메는 가방이 아닌 '바퀴가 달린 가방'을 만드는 것이 공학이지요. 물론 전문적인 공학 분야는 이보다 훨씬 더 복잡하고 어려운 과정을 다루고 있어요. 하지만 아무리 복잡하고 어려운 공학이라고 해도 결국 문제를 알아채고 그것을 해결하는 학문이라는 공통점을 가지고 있답니다.

지금 없는 것을 만드는 것

또 공학은 '지금 없는 것을 어떻게 만들 수 있을까?'라는 질문에 답하는 학문이라고 할 수 있어요. 여러분이 배우는 많은 과목에는 대체로 '정답'이라는 것이 있지요? 그래서 시험을 치르고 나면 언제나 정답을 궁금해하지요. 하지만 공학에는 정답이 없어요. 왜냐하면 '지금 없는 것을 어떻게 만들 것인가?'에 대한 정답은 누구도 알 수 없으니까요. 이것이 공학의 매력이기도 해요.

그런 의미에서 공학은 주어진 정답을 찾는 것이 아니라, 어떤 문제를 스스로 발견하고 그 문제에 대해 자기 나름의 답을 찾고 해결해 가는 과정이에요. 방법에 따라 이렇게도 될 수 있고 저렇게도 될 수 있어요. 여러분도 생활 속에서 느낀 어떤 불편함을 해결하고 싶다는 생각이 들었다면 공학을 할 준비가 되었다고 말할 수 있겠네요.

그렇다면 이제 공학자가 무엇을 하는 사람인지도 알 수 있겠지요? 공학자는 어떤 문제를 발견하고, 그 문제를 해결하기 위해 지금 없는 것을 만드는 사람이에요.

1970년경부터 1990년대까지 사용되었던 카세트테이프(ⓒ위키피디아)

　예를 들어 볼게요. 저는 어렸을 때 음악을 '카세트테이프'라는 것을 이용해서 들어야 했어요. 아마 본 적이 없는 친구들도 있을 거예요. 여러분이 쓰는 스카치테이프 같은 얇은 테이프 안에 노래가 담겨 있어서 잘못 보관하거나 너무 여러 번 듣게 되면 테이프가 늘어나 노랫소리가 이상해지곤 했지요. 그래서 소풍을 갈 때면 늘 고민이었어요. 테이프는 음질도 좋지 않은 데다 듣고 싶은 노래가 많을 때는 테이프를 수십 개나 들고 다녀야 했으니까요. 그런데 여러분은 지금 좋아하는 가수의 음악을 어떻게 듣나요? 스마트폰으로 음질 좋은 음악을 손쉽게 골라 들을 수 있지요?

　불편한 카세트테이프 대신 스마트폰으로 간편하게 음악을 들을 수 있게 된 건 공학자들 덕분입니다. 공학자들은 '음질 좋은 음악을 오래오래, 손쉽게 듣고 싶다'는 문제를 해결하기 위해 노력했어요. 그 과정에서 CD 플레이어라는 제품도 나왔고, MP3라는 제품도 나왔고, 지금의 스마트폰이라는 제품도 나올 수 있었던 겁니다.

우리의 생활과 가까운 공학

우리가 편리하게 사용하고 있는 대부분의 물건은 공학의 발전과 공학자의 노력으로 만들어졌어요. 자동차, 컴퓨터, 게임기 등등 이 모든 것들은 결국 어떤 문제로부터 출발해 그것을 해결하려는 공학자의 노력과 공학의 발전 덕분에 가능한 것이었지요.

'멀리 있는 사람과 더 빨리 만날 수는 없을까?', '더 편하게 이동할 수는 없을까?'라는 문제를 해결하기 위해 자동차가 만들어진 거예요. '복잡한 계산을 빨리 할 수는 없을까?'라는 문제를 해결하기 위해 계산기를 만든 거고요. 또 '지루하고 심심한 시간에 집 안에서도 뭔가 재미있게 할 수 있는 건 없을까?'라는 문제 해결을 위해 공학자가 게임기를 만들게 된 거지요.

이처럼 공학은 여러분에게서 멀리 떨어져 있는 어려운 것이 아니에요. 어쩌면 이미 여러분 역시 공학자인지도 몰라요. 학교에서 공부를 하거나 집에서 쉴 때, 불편함이나 문제점을 발견했고 그것을 '어떻게 해결할 수 있을까?'라고 고민하기 시작했다면 말이에요. 생활에서의 문제를 파악하고 그 문제를 해결하는 과정, 그게 바로 공학이랍니다.

공학은 다른 학문과 어떻게 다를까요?

공학의 기초가 되는 수학과 과학

공학은 문제를 파악하고 그 문제를 해결하는 과정이라고 말했지요? 하지만 그것만으로는 구체적으로 공학이 무엇인지 정확하게 알기가 어려울 거예요. 공학은 '왜 걸어 다니면서 컴퓨터를 할 수 없지?'라는 문제를 해결하기 위해 스마트폰을 만들었어요. 하지만 여전히 궁금한 건, '스마트폰을 어떻게 만들 수 있을까?' 하는 거지요. 그 질문에 답하기 위해 여러분이 지금 배우고 있는 과목과 비교해서 이야기해 볼게요.

여러분은 학교에서 수학과 과학을 배우고 있지요? 이 두 과목은 공학과 아주 밀접한 관계가 있어요. 말하자면, 공학은 수학이나 과학의 자식 정도 될 거예요. 수학이나 과학이 없었다면 공학은 탄생하지 못했을 테니까요. 수학과 과학은 공학의 기초가 되는 학문이에요.

'사람들을 좀 더 빨리 만나고 싶다'는 문제를 해결하기 위해서는 자동차와 기차를 만들어야 하고, '여름에도 시원한 물을 마시고, 쾌적하게 생활하고 싶다'라는 문제를 해결하기 위해서는 냉장고와 에어컨을 만들어야 하는 것처럼 공학은 물건을 만드는 것과 관련이 커요. 그리고 이런 물건을 만드는 데 가장 중요한 학문이 바로 수학과 과학이에요.

왜 그럴까요? 어떤 물건을 만들기 위해서는 정확한 계산을 할 수 있어야 하고, 자연 원리를 적용할 수 있어야 하거든요. 정확한 계산을 가능하게 해 주는 학문이 수학이고, 자연 원리를 알 수 있게 해 주는 학문이 과학이에요. 수학과 과학이라는 기초가 없다면 공학은 반쪽짜리일 수밖에 없어요. 문제를 파악할 수는 있지만, 그 문제를 해결할 수 있는 물건을 만들 수는 없을 테니까요. 과학과 공학의 차이를 설명한 아래 글을 잘 읽어 보세요.

"과학의 관점에서는 최초가 너무나 중요하지만, 엔지니어링(공학)의 관점에서는 최초는 그렇게 중요하지 않다. 왜냐하면 엔지니어링(공학)은 먼저 한 것이 중요한 것이 아니라 결과적으로 어떻게 얼마나 잘 하는가가 중요하기 때문이다."

- 《노벨상과 수리공》, 권오상

공학은 수학과 어떻게 다를까요?

그래서인지 수학이나 과학을 공학과 비슷한 것으로 생각하기도 해요. 하지만 분명한 차이가 있답니다. 과연 어느 부분이 어떻게 다른 것일까요?

먼저 수학과의 차이점부터 찾아볼게요. 앞서도 말했지만, 수학은 공학에서 매우 중요합니다. 수학의 중요한 목적 중의 하나는 정확한 계산이에요. 예를 들면, 12×6=72처럼요. 그런데 공학은 어떤 문제를 해결하기 위해 수학을 활용해요.

여러분은 터닝메카드의 메카니멀을 하나쯤 갖고 있지요? 그런데 이 메카니멀을 4개 샀는데, 정작 보관할 곳이 없어요. 그래서 메카니멀 보관함을 직접 만들기로 했다면, 그게 바로 공학의 시작이에요. 어떻게 보관함을 만들어야 할까요? 4개의 메카니멀이 가로로 일렬로 들어가야 한다면 어떤 크기로 보관함을 만들어야 할까요?

우선 메카니멀의 크기를 재야 하지요. 4cm가 2개, 5cm가 2개라면 보관함의 가로 길이는 얼마로 해야 할까요? 적어도 (4cm×2)+(5cm×2)=18cm는 되어야 하겠지요? 그래야 4개가 모두 들어가는 보관함을 만들 수 있을 거예요. 이렇게 보관함을 만드는 법을 생각하고 계산하는 과정을 공학에서는 '설계'라고 해요. 이처럼 수학이 계산을 공부하는 과목이라면, 공학은 그 계산을 활용해 어떤 물건을 '설계'하는 학문이라고 할 수 있어요.

공학은 과학과 어떻게 다를까요?

공학은 사실 수학보다 과학과 더 헷갈리는 학문이에요. 왜냐하면 공학은 수학보다 과학에서 더 많은 영향을 받기 때문이지요. 과학을 한마디로 정리하면, '자연 현상을 발견하고 그것을 이해하는 학문'이에요. '물은 0°C에 얼음이 되고, 100°C에 수증기가 된다.'라는 자연 현상을 발견하고 이해하는 것이 과학이지요. 이처럼 과학은 "이 현상은 어떻게 된 것일까?" 혹은 "왜 그렇게 되는 것일까?"라는 질문에 답하는 학문인 거죠.

하지만 공학은 다릅니다. 공학은 "어떻게 하면 이 문제를 해결하는 물건을 만들 수 있을까?"라는 질문에 답하는 학문이에요. 그래서 과학이 발견하고 이해한 자연 현상을 활용합니다. 그 과정에서 공학은 물건을 만들어 문제를 직접적으로 해결해요. '물은 0°C에 얼음이 되고, 100°C에 수증기가 된다.'는 것은 그 자체로는 과학 지식이지만, 그 과학 지식을 활용해 얼음을 얼릴 수 있는 냉장고를 만들거나 증기를 뿜어내는 가습기를 만드는 것은 공학인 것입니다.

다시 터닝메카드로 돌아가 볼까요? 메카니멀에는 과학도 있고, 공학도 있습니다. 메카니멀에 숨어 있는 과학은 무엇일까요? 메카니멀이 카드 위로 올라가 변신할 때를 생각해 봐요. 어떤 원리로 변신하게 되는 걸까요? 자석의 원리 때문입니다. '같은 극끼리는 서로 밀어내고, 다른 극끼리는 잡아끈다' 혹은 '철은 자석에 붙는다'는 자석의 원리가 메카니멀 변신의 비밀입니다. 이건 과학이지요? 자석의 원리라는 자연 현상을 발견하고 이해한 것이니까요.

하지만 메카니멀은 과학만으로는 탄생하지 못했을 거예요. 공학이 과학을 활용해서 카드 위로 올라가면 멋지게 변신하는 메카니멀을 만든 것이지요. 공학자가 카드에는 철을, 메카니멀에는 자석을 붙이는 설계를 했기 때문에 우리가 터닝메카드 배틀을 할 수 있게 된 거예요. 이처럼 공학은 과학을 활용해 어떤 제품을 설계하고 만드는 과정을 의미해요. 결국 공학은 수학과 과학이라는 학문을 활용해 문제를 해결할 수 있는 물건을 만드는 학문이지요.

공학은 어디에 쓰일까요?

공학의 종류

공학의 종류는 굉장히 많아요. 어떤 분야이든 문제가 있게 마련이고, 또 그 문제를 해결하려는 사람들이 있으니까요. 다양한 분야의 공학 중에 대표적인 몇 가지 공학을 알아보도록 해요.

공학에는 기계 공학, 전기 공학, 건축 공학, 생물 공학, 컴퓨터 공학 등이 있어요. 이처럼 다양한 분야의 공학이 있지만 어렵게 생각할 필요는 없어요. 종류가 다양할 뿐, 모든 공학은 그 분야의 문제를 발견하고 해결하는 과정이라는 면에서는 같으니까요.

먼저 기계 공학은 자동차, 비행기와 같은 기계에 관한 문제점을 발견하고 이를 해결하는 학문이에요. 전기 공학은 우리가 사용하는 전기에 관련된 문제를 발견하고 해결하는 학문이에요. 또 건축 공학은 집이나 학교 혹은 댐, 다리 같은 건축물에 관련된 문제를 발견하고 해결하는 학문이에요. 생물 공학은 우리가 흔히 보는 동물이나 식물과 같은 생물에 관련된 문제를 발견하고 해결하는 학문이지요. 컴퓨터 공학은 컴퓨터 시스템이나 여러 가지 응용 프로그램에 관련된 문제를 발견하고 해결하는 학문이죠.

그럼 이제 각 분야의 공학이 구체적으로 어디에, 어떻게 쓰이는지 한번 살펴볼까요?

건축 공학의 힘으로 만들어 낸 거대한 교량

기계 공학은 어디에 쓰일까요?

기계 공학은 과학, 수학을 활용해서 인간에게 유용함을 주는 기계 장치에 대해 연구하는 공학이에요. 기계 공학은 공학의 대표라고 할 수 있어요. 왜냐하면 인간에게 주어진 어떤 문제를 해결하는 데 기계만큼 많이 사용되는 물건도 없기 때문이죠. 지금 주위를 둘러보세요. 기계 아닌 것이 있나요? 우리가 매일 보는 텔레비전, 길거리를 달리는 자동차, 맛있는 음식을 보관하는 냉장고도 모두 기계예요. 아주 오래전부터 인간은 어떤 불편함을 느꼈을 때, 기계를 만들어서 그 문제를 해결하려고 했지요.

자동차나 비행기가 없던 시절을 상상해 봐요. 아무리 먼 길이라도 걸어서 가야만 했겠지요? 얼마나 힘들고 불편했을까요? 그래서 인간은 조금 편하게 이동할 수 없을까 고민했고, 마침내 불편함을 덜기 위해 마차, 수레, 자전거 등을 거쳐 자동차나 기차, 비행기 같은 기계를 만들었어요.

우리 주변의 기계들은 불편함을 없애기 위해 만들어진 것이 대부분이에요. 청소하는 불편함을 덜기 위해 청소기를 만들었고, 빨래하는 불편함을 덜기 위해 세탁기를 만들었잖아요? 텔레비전, 냉장고, 자동차, 비행기, 청소기, 세탁기는 기계 공학이 우리의 편리함을 위해 선물한 도구라고 할 수 있어요.

기계 공학은 지금도 계속 발달하고 있어요. 로봇 공학도 기계 공학의 한 분야이지요. 얼마 지나지 않아 우리는 인간의 생활을 더 편하게 만들어 줄 로봇들을 만날 거예요. 예를 들어 빨래가 많거나 집이 더러우면 알아서 세탁도 하고 청소도 하는 로봇이 등장할 거예요. 기계 공학은 기계를 통해 인간의 불편함을 해결하려는 노력을 멈추지 않을 테니까요.

전기 공학은 어디에 쓰일까요?

전기 공학은 기계 공학만큼 중요한 공학의 분야예요. 우리 몸이 밥을 먹어야 활동할 수 있듯이 기계도 밥을 먹어야 움직일 수 있어요. 여기서의 '밥'을 공학에서는 '에너지'라고 말해요. 기계를 움직이는 에너지 중 가장 널리 사용되는 것이 바로 '전기'예요. 그래서 전기 공학이 중요하죠. 전기라는 에너지를 만들고, 또 그 에너지를 각 기계로 보내주는 장치를 '전기 설비'라고 해요. 전기 공학은 그 전기 설비를 설계하고, 만들고, 사용하는 기술을 연구해요.

전기 공학은 어디에 쓰일까요? 가장 대표적인 예가 스마트폰이에요. 게임을 하고 싶은데, 배터리가 없을 때 답답하잖아요? 충전이 빨리 안 될 때도 마찬가지고요. '어떻게 하면 스마트폰 배터리를 오래 사용할 수 있을까?', '어떻게 하면 배터리 충전을 조금 더 빠르게 할 수 있을까?'와 같은 문제를 해결하는 것이 바로 전기 공학이에요.

전기 공학 덕분에 우리는 전기라는 유용한 에너지를 편리하게 사용할 수 있게 되었어요. 한여름에 냉장고에서 얼음을 꺼내 먹을 수 있는 것도, 밤에 불을 켜고 책을 읽을 수 있는 것도 모두 전기 공학 덕분이지요. 냉장고가 있고, 전등이 있는데 전기가 들어오지 않는다면 어떻게 될까요? 아마 여름에 얼음을 구경할 수 없고, 해가 지고 나면 컴컴해서 아무것도 할 수 없겠지요?

건축 공학은 어디에 쓰일까요?

건축 공학은 인간에게 필요한 구조물을 만드는 기술을 연구하는 공학이에요. 여기서 '구조물'이란 우리가 생활하는 집, 학교 같은 건물은 물론이고 도로, 댐 같은 것까지 모두 포함하는 말이에요. 집이나 학교, 도로, 댐 같은 구조물에 관한 문제점을 해결하고, 좀 더 나은 구조물을 설계하고 만들어 내는 것이 건축 공학이에요.

건축 공학 역시 인간에게 아주 중요한 분야지요. 우리가 태풍이나 지진 같은 자연 재해로부터 안전할 수 있는 이유는 건축 공학 덕분이기도 해요. 태풍에도 쓰러지지 않는 집을 짓고, 지진에 대비할 수 있는 댐을 짓는 것이 건축 공학의 역할이에요. 초고층 아파트와 같은 높은 건물을 안전하게 지을 수 있는 것도 건축 공학이 발전했기 때문에 가능한 일이랍니다.

생물 공학은 어디에 쓰일까요?

생물 공학은 식물이나 동물 등 생물이 가진 능력을 활용해 산업적으로 필요한 제품을 만들거나 개선해 인간을 이롭게 하는 학문이에요. 생물 공학은 기계 공학, 전기 공학, 건축 공학과는 조금 달라요. 기계 공학, 전기 공학, 건축 공학이 다루는 대상은 기계, 건축물 같은 무생물이지만, 생물 공학이 다루는 대상은 동물이나 식물같이 살아 있는 생물이거든요. 그래서 기계 공학, 전기 공학, 건축 공학이 수학, 과학을 많이 활용한다면, 생물 공학은 생물학적 정보를 많이 활용해요.

생물 공학의 대표적인 예는 치즈를 들 수 있어요. 우리가 흔히 먹는 치즈는 어떻게 만들어졌을까요? 치즈는 우유 속에 있는 카세인을 뽑아 응고, 발효시킨 음식이에요. 효모를 이용해 빵을 만드는 것도, 발효 과정을 통해 김치를 숙성시키는 것도 역시 생물 공학이라고 할 수 있어요.

요즘 과일 가게에서 흔하게 살 수 있는 '방울토마토'나 '씨 없는 수박'도 생물 공학의 결과물이에요. 방울토마토는 한입에 간편하게 먹을 수 있도록 토마토의 크기를 줄였고, 씨 없는 수박은 씨를 발라내는 번거로움을 줄이기 위해 만들어졌지요. 생물 공학은 최근 발전을 거듭하면서 인간을 치료할 수 있는 의료 분야로까지 영역을 넓혀 가고 있어요. 하지만 생명을 다루는 것이니만큼, 조심스럽게 다뤄져야 할 학문이기도 해요.

생물 공학의 발달로 탄생한 방울토마토와 씨 없는 수박

컴퓨터 공학은 어디에 쓰일까요?

컴퓨터 공학은 컴퓨터에 관련된 기술을 개발하는 학문이에요. 컴퓨터 공학은 하드웨어, 소프트웨어, 네트워크 영역으로 나눌 수 있어요. 하드웨어는 컴퓨터라는 기계 자체에 대한 것이고 소프트웨어는 그 컴퓨터를 작동시키는 프로그램에 대한 영역이지요. 네트워크는 컴퓨터와 컴퓨터를 서로 연결하는 영역이에요.

이런 컴퓨터 공학은 어디에 쓰일까요? 먼저 하드웨어부터 살펴볼까요? 하드웨어가 발전하면서 사람들은 더 작고 더 가벼운 컴퓨터를 가질 수 있게 되었어요. 믿기 어렵겠지만, 처음 만들어진 컴퓨터는 집 한 채만 했어요. 거대했던 컴퓨터가 컴퓨터 공학의 하드웨어가 발전하면서 이제는 노트북이나 스마트폰처럼 들고 다닐 수 있을 정도로 크기가 줄어든 거예요.

 소프트웨어는 어디에 쓰일까요? 소프트웨어가 없다면 컴퓨터를 사용할 수 없어요. 하드웨어가 몸이라면 소프트웨어는 머리이기 때문이에요. 여러분이 컴퓨터로 동영상을 보고, 이메일을 쓰고, 게임을 하고, 그림도 그릴 수 있는 건 모두 컴퓨터 공학의 소프트웨어 덕분이지요.

 통신 및 네트워크는 어디에 쓰일까요? 스마트폰으로 동영상을 볼 때, 집에서는 문제없지만 집 밖에서는 끊길 때가 있지요? 컴퓨터를 사용해 언제 어디서든 원활하게 인터넷에 접속할 수 있게 해 주는 기술이 바로 컴퓨터 공학 중에서 네트워크 영역이에요.

 결국 컴퓨터 공학의 발전은 하드웨어, 소프트웨어, 네트워크가 함께 발전해야만 가능해요.

2장

공학은 어떻게 변해 왔을까요?

공학은 언제부터 시작되었나요?

최초의 공학

공학은 언제 시작되었을까요? 이 질문에 답하기 위해서는 우선 공학이 무엇인지 다시 한 번 생각해 보는 것이 좋을 것 같아요. 공학은 문제를 발견하고 그 문제를 해결하는 과정이잖아요? 그렇다면 공학은 인간이 어떤 문제를 발견하고 그 문제를 해결하기 시작한 순간부터 시작되었다고 보아야겠지요?

인류는 언제 처음으로 문제를 발견하고 그것을 해결했을까요? 아주 먼 옛날로 거슬러 올라가야 할 것 같네요. 인류가 이 땅에 처음 등장했을 때는 이렇다 할 공학은 없었을 거예요. 문제를 발견하고 해결하기보다 주어진 자연에 순응하며 살았으니까요. 곡식이나 과일이 열려 있으면 수확해서 먹고, 물이 있으면 씻고, 동굴이 있으면 거기 들어가서 비를 피하고 잠을 잤지요. 먹을 것을 구하지 못하면 그대로 굶었어요. 그런 초기의 인류를 원시인이라고 부르죠.

하지만 그 원시인들 중 누군가는 분명 곡식이나 과일보다 언젠가 우연히 먹어 본 고기가 더 맛있다고 느낀 사람이 있었을 거예요. 그래서 직접 사냥을 해서 고기를 먹고 싶었을 거예요. 사냥을 맨손으로 하기는 어려웠지요. 어떤 동물들은 인간보다 크거나 힘이 세고 날카로운 이빨이나 뿔, 가시를 가지고 있었으니까요. 그래서 도구가 필요하다고 생각했을 거예요.

처음에는 여기저기 굴러다니던 돌을 짐승들에게 던졌고, 그 후에는 돌을 날카롭게 만들면 훨씬 짐승을 잡기 쉽다는 것을 깨닫게 되었지요. 그다음에는 날카로운 돌을 나무 막대기에 매달아 손도끼나 창을 만들었어요. 바로 이때가 인류에게 처음 공학이 등장한 순간이에요.

돌을 깎아 만든 돌도끼(ⓒ국립민속박물관)

그 뒤로도 문제를 발견하고 해결하려는 인간의 노력은 멈추지 않았어요. 곡식과 과일을 찾아다니는 것이 아니라 좋은 장소에 곡식을 심고 거둠으로써 땅을 경작하는 기술을 알아내고 알맞은 도구도 만들었어요. 결국 공학이 시작된 시점은 자연의 재료들을 이용해서 인간에게 유용한 물건이나 상태를 만들려고 했던 때라고 할 수 있어요.

역사에 기록된 공학

이처럼 공학의 시작은 아주 오래전으로 거슬러 올라가요. 그래서인지 공학에 관련된 역사적 기록도 많아요. 우선 공학이란 말이 어떻게 만들어졌는지부터 살펴봐요. '공학'이라는 말은 '엔진(engine)'이라는 말에서 유래했어요. 그리고 이 '엔진'이라는 말은 라틴어의 '새로운 아이디어를 생각해 내다'라는 뜻을 가진 단어에서 나온 것이고요.

실제로 '공학'이란 단어가 직접 사용된 것은 200년경부터예요. 물론 당시의 공학은 지금 우리가 말하는 공학과는 조금 달라요. 그때의 공학은 주로 전쟁에 관련된 기술을 일컫는 말이었어요. 하지만 공학이라는 단어를 사용하지 않았을 뿐, 공학이라는 것이 시작된 것은 앞에서 살펴본 것처럼 그보다 훨씬 이전이었지요.

기록으로 남아 있는 내용을 살펴보면 기원전 2800년 이집트 상형문자에 공학, 건축학에 관련된 구체적인 기록이 남아 있어요. 그 외에

도 아주 다양한 형태의 공학이 이집트, 중국, 페르시아, 바빌로니아, 팔레스타인, 페루의 고대 문명에서 발견되고 있고요.

이런 사실을 통해 공학이 인류의 역사와 얼마나 밀접한 관계를 갖고 있는지 알 수 있을 거예요. 어쩌면 인류가 탄생한 시점부터 공학이 시작된 것이라고 해도 틀린 말은 아니지요.

지금 여러분이 어떤 불편함을 느끼면 그 문제를 해결하기 위해 노력하는 것처럼, 인간의 역사는 어떤 문제를 발견하고 그 문제를 해결하려는 과정의 연속이었으니까요. 그래서 공학의 역사는 문명의 역사라고도 할 수 있어요. 공학은 아주 먼 옛날에도, 그리고 지금 우리에게도 멀리 있지 않았던 학문인 거죠.

공학은 어떻게 발전해 왔을까요?

고대의 공학 : 불, 바퀴의 발명

아주 먼 옛날인 약 150만 년~200만 년 전에 발명된 손도끼를 시작으로 사람들은 직접 만든 도구를 사용해 사냥도 하고 농사도 지을 수 있게 되었어요. 그런데 손도끼만큼이나 중요한 공학적 발명이 두 가지가 더 있어요. 바로 '불'과 '바퀴'랍니다. 이 두 가지 발명이 없었다면 지금처럼 공학이 발전할 수 없었을지도 몰라요.

먼저 불에 대해 생각해 보세요. 불이 없던 시절 인간은 밤이 찾아오면 아무것도 볼 수 없었어요. 멀리서 들리는 맹수들의 소리를 두려워하며 동굴 속에서 날이 밝기만을 기다렸지요. 음식도 날것만을 먹을 수 있었겠지요. 그러다가 아주 우연히 불을 만드는 법을 알게 되고, 다루는 법도 알게 된 거죠.

그때는 바닥에 놓은 나무토막 위에 가느다랗고 둥그런 나무 막대를 댄 상태에서 두 손으로 잡고 세게 비벼서 불을 만들었어요. 원시인들은 과학이나 수학 지식이 없으면서도 공학적 발명을 한 셈이지요. 기록에 따르면 약 4만 년 전의 네안데르탈인이 처음으로 불을 사용했다고 해요.

이후, 인류는 횃불을 만들기도 하고, 등잔을 만들기도 하며 불에 관한 공학을 발전시켜 왔습니다. 불은 여러 가지 측면에서 공학이 발전하는 큰 계기가 되었지요.

불만큼이나 중요한 공학적 발명이 바로 바퀴예요. 동그란 바퀴가 지금 우리에게는 너무 당연한 것처럼 여겨지지만 바퀴는 인류의 발전을 가져온 엄청난 발명이었답니다. 바퀴가 없을 때는 무거운 물건을 사람들이 고스란히 짊어지고 옮겨야만 했어요. 시간도 많이 걸렸고 힘들기도 했지요. 바퀴가 없었다면 지금의 자전거, 자동차, 비행기라는 편리한 이동 수단도 존재하기 어려웠을 거예요.

바퀴를 누가 언제 발명했는지에 대해서는 알려져 있지 않아요. 하지만 기원전 4세기에 그려진 그림에 네 개의 바퀴가 달린 손수레가 있는 걸 보면 그전에 발견된 것이 분명해요. 바퀴의 발명으로 인해 인류의 삶은 획기적으로 바뀌었어요. 아마 바퀴만큼 공학의 발전에 도움을 준 발명품도 없을 거예요.

중세의 공학 : 인쇄술, 나침반의 발명

공학의 발전은 중세에도 계속 이어졌어요. 대표적인 것을 꼽자면 인쇄술과 나침반이에요. 이 두 가지의 발명을 통해 공학은 다시 한 번 큰 발전을 하게 된답니다.

인쇄술은 종이에 글자를 찍어 내는 기술이에요. 지금은 책을 통해 글을 읽고 지식을 전하는 것이 너무도 당연하지요? 이것은 인쇄술의 발전 덕분에 가능한 일이에요. 인쇄술이 없을 때는 책 한 권을 만들려면 누군가 그 두꺼운 책의 내용을 일일이 손으로 옮겨 적어야만 했어요. 그러다 보니 책은 쉽게 구할 수 없는 아주 귀한 물건이었죠. 읽고 싶다고 해서 아무나 책을 읽을 수는 없었어요. 당연히 글을 읽지 못하는 사람들도 많았고요.

이런 문제를 해결한 공학이 바로 인쇄술입니다. 인쇄술을 발달시킨

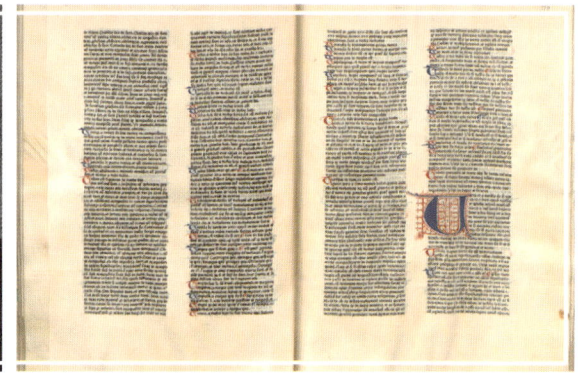

구텐베르크와 《구텐베르크 성서》

대표적인 공학자가 독일의 요하네스 구텐베르크입니다. 1450년경 구텐베르크가 발명한 인쇄 방법은 금속 활자를 만들어 책을 대량으로 찍는 활판 인쇄술이었어요. 이 활판 인쇄술로 일주일 만에 책을 500권이나 인쇄할 수 있었다고 해요.

인쇄술은 새로운 시대를 여는 계기가 되었어요. 17세기 초에 발행된 최초의 신문도 활판 인쇄술 덕분에 가능했어요. 지금 여러분이 이 책을 통해 공학에 대해 읽을 수 있는 것도 다 인쇄술의 발전 덕분이지요.

인쇄술만큼 중요한 발명이 또 있어요. 그건 나침반이에요. 지금은 나침반을 잘 사용하지 않지만, 나침반은 우리 생활과 매우 밀접해요. 요즘은 자동차를 운전할 때면 길을 찾아주는 내비게이션을 사용하는데, 이 내비게이션도 일종의 나침반이에요. 나침반은 내비게이션의 할아버지쯤 될 거예요.

나침반은 낯선 곳을 여행할 때 방향을 알려 주는 물건이에요. 중세 시대에는 비행기가 없었기 때문에 멀리 나가려면 배를 타야 했지요. 아무것도 없이 끝없이 펼쳐진 바다 위에서 선원들은 뱃길을 찾기 어려웠어요. 처음에는 하늘의 별을 보며 길을 찾곤 했지만 그 방법은 정확하지 않아 종종 길을 잃곤 했어요.

1100년경, 바로 이 문제를 해결하기 위해서 나침반이 발명되었지요. 나

18세기 나침반

침반은 '자기'를 이용한 것으로 어디서나 빨간 색 바늘이 북쪽을 가리키기 때문에 방향을 정확히 알 수 있었어요. 나침반 덕분에 사람들은 더 멀리, 더 빠른 길로 여행할 수 있게 되었어요. 공학이 발전하는 데도 큰 도움을 주었지요. 선박이나 비행기에서 사용되는 전파 탐지기, 방향 탐지기, 내비게이션 같은 공학 기술이 나오게 된 거예요.

뱃길의 길잡이가 되었던 나침반

근대의 공학 : 증기 기관, 기계 베틀의 발명

고대 공학의 중심에 불과 바퀴가 있고 중세 공학의 중심에 인쇄술과 나침반이 있다면, 근대 공학의 중심에는 증기 기관과 기계 베틀(방적기)이 있어요. 근대의 공학을 이야기하면서 '산업 혁명'이란 사건을 빼놓을 수는 없겠죠? 산업 혁명은 1700년대부터 1800년대까지 약 100년 동안 영국을 중심으로 발생했던 산업의 큰 변화를 말해요.

산업 혁명으로 인류는 여러 가지 측면에서 큰 변화를 맞게 되었어요. 이 산업 혁명에서 중요한 역할을 했던 것이 바로 증기 기관과 기계 베틀이었어요.

증기 기관은 글자 그대로 증기의 힘을 이용한 기계예요. 집에서 물을 끓일 때를 생각해 봐요. 냄비의 물이 끓기 시작하면 냄비 뚜껑이 들

썩거리지요? 이 원리를 이용한 공학적 발명품이 증기 기관이에요. 물이 끓을 때 발생하는 증기압을 이용해서 기계를 움직이는 장치이지요.

증기 기관은 드니 파팽, 토머스 세이버리 등이 먼저 만들었지만, 여러 가지 문제로 널리 알려지지 못했어요. 이후, 1796년 스코틀랜드의 제임스 와트가 기존 증기 기관의 단점을 줄이고 새로운 아이디어를 더해 와트식 증기 기관을 발명하면서 세상에 널리 알려졌어요. 이 때문에 우리는 제임스 와트가 증기 기관을 발명한 사람이라고 알고 있는 거죠.

증기 기관의 발명은 공학의 엄청난 발전을 가져오게 되었어요. 현대 공학에서 배, 자동차, 비행기 같은 기계를 움직이게 하는 것을 내연 기관이나 모터라고 하는데, 이 내연 기관이나 모터를 발명할 수 있는 실

산업 혁명을 이끈 증기 기관의 모형(ⓒ위키피디아)

마리를 제공한 것이 바로 증기 기관이거든요. 그러니 증기 기관의 발명이 없다면, 지금 우리가 타고 다니는 기차나 자동차, 배 역시 만들어지지 않았을지도 몰라요.

이제 기계 베틀에 대해서 알아볼까요? 산업 혁명의 가장 중요한 분야가 면 공업이었어요. 면 공업은 쉽게 말해 옷감을 짜는 거예요. 옷감을 짜기 위해 필요한 장비가 베틀인데, 베틀 기술은 고대 신석기 시대부터 시작된 이후 수백 년 동안 이렇다 할 발전이 없었지요.

산업 혁명 전의 베틀은 사람이 일일이 손으로 작업해야 했기 때문에 짧은 시간에 많이 생산해 내지 못했어요. 하지만 1733년 영국인 존 케이가 '플라잉 셔틀(자동 북)'이라는 것을 만들면서 기술이 크게 발전하게 되었지요. 이후 기계 공학자였던 자크 드 보캉송 등을 통해 베틀은 지속적으로 발전했어요. 그 덕분에 자동으로 면을 직조할 수 있는 기계 베틀의 시대가 오게 된 것이랍니다.

이렇게 기계 베틀에 관련된 공학의 발전 덕분에 지금 우리는 계절마다 다양한 옷을 입을 수 있게 된 거예요.

공학의 미래는 어떤 모습일까요?

지금도 계속 발전하는 공학

고대의 바퀴와 불, 중세의 인쇄술과 나침반, 그리고 산업 혁명으로 공학은 인간에게 중요한 학문으로 자리를 잡았어요. 그렇다면 공학은 우리에게 어떤 모습으로 다가와 있을까요? 지금 가장 활발하게 발전 중인 공학 분야는 생명 공학과 로봇 공학이에요.

생명 공학은 생명체의 유용한 특성을 이용하는 것을 말해요. 혹시 복제양 '돌리'에 대해 들어 본 적이 있나요? 돌리는 어미 양으로부터 태어난 양이 아니에요. 생명 공학의 '복제'라는 기술을 통해 탄생한 생명이지요. 돌리는 다 자란 동물로부터 복제된 첫 번째 포유동물이에요.

이런 생명 공학 기술은 멸종 위기에 있는 동물의 멸종을 막거나 유전병 치료에 도움을 줄 수 있지요.

생명 공학은 동물을 복제하는 것뿐만이 아니라 다양한 분야에서 연구되고 있어요. 그중 하나는 식물을 이용해서 연료를 만드는 거예요. 이런 연료를 '바이오 연료'라고 하지요. 흔히 생각할 수 있는 석유, 석탄 같은 화석 연료는 환경 오염, 자원 고갈 등 많은 문제를 가지고 있는데 이를 해결하기 위해 등장한 것이 바이오 연료랍니다.

바이오 연료는 밀, 옥수수 줄기, 밀짚 등을 이용해 만들어 낸 연료예요. 석유나 석탄과 같은 화석 연료에 비해 환경 오염을 덜 일으키는 장점이 있어서 많은 관심을 받고 있답니다.

그렇다면 로봇 공학은 어떨까요? 공학의 오랜 꿈은 인간이 하는 일을 기계로 대체하는 것이었어요. 공학이 발전하면서 지금도 어느 정도 인간이 하는 일을 기계가 대신하게 되었지만 여기에서 더 발전하고, 더 많은 영역에서 활용할 수 있을 것이라고 생각해요. 로봇 공학이 큰 관심을 받는 것도 이런 가능성 때문이에요.

공장에서 사용되는 로봇 중에는 인간의 팔이나 다리와 같은 특정한 부위를 흉내 낸 기계가 많아요. 또 인간이 하기에 위험하거나 힘든 일도 로봇이 대신하지요. 깊은 바닷속이나 공사장 등 위험한 곳에는 로봇을 많이 투입하고 있어요. 로봇을 이용해 인간 없이 일을 할 수 있는 시스템을 공학에서는 '자동화'라고 말해요. 로봇 공학의 궁극적인 목표는 인간 없이 모든 일을 할 수 있는 완전한 '자동화'예요.

공학은 앞으로 어떻게 변화할까요?

그렇다면 공학의 미래는 어떻게 될까요? 이에 대한 해답은 공학의 현재를 잘 살펴보면 되어요.

최근에는 생명 공학과 로봇 공학이 큰 주목을 받고 있어요. 공학의 미래 역시 이 두 가지 공학의 역할이 아주 클 거예요. 생명 공학이 꾸준히 발전한다면 다친 사람이나 병에 걸린 사람이 더 좋은 치료를 받아 빨리 건강해질 수 있어요. 특히 불치병이나 난치병으로 고통받고 있는 사람들에게도 큰 도움이 되고, 인간의 수명을 지금보다 더 연장할 수 있을 거예요.

로봇 공학을 통해서도 공학의 미래를 살펴볼 수 있어요. 혹시 2016년에 이세돌 바둑 기사와 '알파고'가 대결하는 장면을 보았나요? 알파고는 사람이 아니라 기계예요. 정확히는 '인공 지능(AI)'이지요. 바로 이 인공 지능이 로봇 공학의 미래예요. 로봇은 스스로 움직일 수 있으며 독자적으로 작동하도록 프로그램되어 있는 기계예요. 기계가 독자적으로 작동하도록 하는 프로그램을 '인공 지능'이라고 해요.

지금까지 기계가 인간의 일을 온전히 대신할 수 없었던 이유는 인간이 명령하기 전까지 스스로 판단할 수 없었기 때문이에요. 엘리베이터를 생각해 볼까요? 우리가 도착하려는 층의 버튼을 누르지 않으면 엘리베이터는 움직이지 않아요. 하지만 미래에는 인공 지능이 엘리베이터를 타고 버튼을 누르지 않아도 내가 원하는 층에 도착하게 해 줄 거예요. 내가 몇 층을 가려고 하는지 이미 알고 있기 때문이지요. 이처럼 인공 지능은 인간이 명령하지 않아도 스스로 판단할 수 있는 지능을 갖춘 기계랍니다.

공학의 미래에 대해서 이야기할 때 다 함께 고민해 봐야 할 것이 있어요. '공학 기술이 인간을 항상 이롭게 할까?'라는 질문이지요. 생명 공학 기술을 이용해 더 달고 더 큰 과일을 만들 수 있겠죠. 젖의 양이 두 배나 많은 젖소도 만들어 낼 수 있고요. 하지만 그런 공학의 발전이 인간에게 정말 이롭기만 한 것일까요? 그로 인해 발생하는 문제점은 없는 걸까요?

이제 생명 공학은 복제양 돌리에서 한 걸음 더 발전했기 때문에 인간을 복제하려는 시도를 하고 있어요. 언젠가는 인간도 복제할 수 있을지 몰라요. 그렇다면 그렇게 복제된 인간은 과연 인간이라고 말할 수 있을까요? 생명 공학의 미래에 대해서 우리가 고민해 보아야 할 문제예요.

로봇 공학도 마찬가지예요. 혹시 〈터미네이터〉라는 영화를 본 적이 있나요? 그 영화는 미래에 인공 지능을 가진 기계가 인간을 공격한다는 내용이에요. 로봇 공학이 발전하면서 인공 지능 기술 또한 발전할 거예요. 이건 기계가 점점 더 똑똑해진다는 의미지요. 똑똑해지는 기계가 과연 인간에게 이롭기만 한 걸까요? 엘리베이터를 탔는데, 우리의 생각과 상관없이 인공 지능이 스스로 판단해서 어딘가에 내려 준다면 어쩐지 조금 무섭지 않나요?

알파고와 이세돌의 바둑 대결 장면(ⓒGetty Images/이매진스)

 이세돌 바둑 기사는 인공 지능 알파고에게 1 대 4로 바둑을 졌어요. 물론 그것이 알파고가 인간보다 더 훌륭한 존재라는 것을 의미하지는 않아요. 하지만 그 대결은 우리에게 언젠가 사람이 기계의 지배를 받는 미래가 올 수도 있지 않을까 하는 생각을 던져 주었어요. 인공 지능이 발전해서 인간의 명령이 필요 없는 로봇이 나온다면, 그건 인간에게 이로운 일일까요? 아니면 해로운 일일까요? 우리가 꼭 생각해 봐야 하는 문제랍니다.

3장

세상을 바꾼 공학 기술에는 어떤 것이 있을까요?

세계 여행의 꿈이 이뤄졌어요

하늘을 날고 싶은 꿈

혹시 해외여행을 가 본 적이 있나요? 만약 있다면, 대부분 비행기를 탔겠지요? 이제는 비행기를 이용하는 것이 그리 드문 일은 아니에요. 그런데 사람들이 비행기를 타고 여행을 하게 된 것은 얼마 되지 않았답니다. 먼 옛날에는 주로 배를 타고 바다를 건너서 다른 나라로 갔어요. 배로 여행을 하는 건 상당히 힘든 일이었어요. 우선 시간이 굉장히 오래 걸렸고, 위험하기도 했어요. 그래서 모험심 강한 탐험가나 큰돈을 벌고 싶은 상인들만 배를 타고 먼 나라로 떠나곤 했어요.

하지만 지금은 어떤가요? 아무리 먼 나라라도 하루 이틀이면 목적지에 도착할 수 있어요. 바로 인간이 만들어 낸 비행기 덕분이랍니다. 비행기의 발명이 세상을 바꾼 공학의 대표적 예지요.

혹시 여러분도 하늘을 나는 꿈을 꾼 적이 있나요? 비행기가 없던 시절, 사람들은 새처럼 하늘을 날고 싶다는 생각을 했어요. 이 꿈은 인류의 역사만큼이나 오래된 꿈이었어요. 공학자들은 이 꿈을 이루기 위해 아주 오랫동안 노력했어요. 그 꿈을 이룬다면, '먼 곳까지 빠르고 안전하게 갈 수는 없을까?' 하는 문제 역시 해결할 수 있기 때문이었어요.

레오나르도 다빈치는 이탈리아의 천재 예술가예요. 〈최후의 만찬〉, 〈모나리자〉 등 훌륭한 그림을 많이 남겼지요. 하지만 다빈치는 훌륭한 공학자이기도 해요. 비행기가 존재하지 않았던 시절, 오늘날의 헬리콥

천재 예술가이자 과학자였던 레오나르도 다빈치와 그가 그린 비행기 스케치

터와 같은 비행기구와 낙하산을 설계하기도 했어요. 또 1496년 1월 피렌체 근처에서 직접 설계한 비행기구를 타고 비행 실험을 하기도 했어요. 물론 실패했지만요.

이후 비행 기술은 어떻게 발전했을까요? 처음에는 열기구라는 거대한 풍선을 이용했어요. 열기구를 처음 발명한 사람은 몽골피에 형제였어요. 1783년 11월 21일, 몽골피에 형제가 만든 열기구는 두 명을 태우고 처음으로 날아오르는 데 성공했어요. 이날이 아마 공학적 기술을 이용해 인간이 처음으로 하늘을 날게 된 날일 거예요.

오토 릴리엔탈, 최초로 하늘을 날다

몽골피에 형제가 열기구를 이용해 하늘로 떠오르는 것에는 성공했지만 문제가 하나 있었어요. 열기구를 타고 원하는 방향으로 갈 수가 없었거든요. 이 문제를 가장 먼저 해결하려고 시도한 공학자는 '비행의 선구자'라고 불리는 독일의 오토 릴리엔탈이에요.

오토 릴리엔탈은 하늘을 날기 위해 새를 유심히 관찰했어요. 새들의 비행 자세와 날개 구조를 자세하게 공부한 결과 새 모양을 본뜬 비행기구를 만들게 되었지요. 1891년, 마침내 오토 릴리엔탈은 바람을 이용해 하늘을 나는 데 성공했어요. 바람을 이용해 하늘로 떠오르는 것을 '양력'이라고 하고, 바람과 양력을 이용해서 하늘에서 미끄러지듯 나아

 가는 것을 '활공'이라고 해요. 그러니까 오토 릴리엔탈은 최초로 바람과 양력을 이용해 활공에 성공한 공학자인 거죠.
 하지만 오토 릴리엔탈의 비행기구는 지금의 비행기와는 큰 차이가 있었어요. 활공만 할 수 있었고 하늘에서 오랜 시간 비행기구가 떠 있을 수는 없었거든요. 비행기구를 하늘에 계속 떠 있게 하는 힘을 제공하는 장치가 없었기 때문이지요. 이 문제를 해결하기 위해 계속 비행 실험을 하던 오토 릴리엔탈은 불행히도 1896년에 비행 사고로 세상을 떠났지요.

라이트 형제, 비행기를 만들다

오토 릴리엔탈이 세상을 떠난 이후로도 하늘을 날고 싶다는 사람들의 꿈은 멈추지 않았어요. 그 꿈을 이어받은 사람이 바로 여러분도 잘 아는 라이트 형제예요. 이들은 오토 릴리엔탈의 비행에 관련된 공학 지식을 토대로 비행기를 만들었지요. 그리고 비행기가 하늘에 뜬 이후 계속 비행할 수 있는 힘을 제공하는 '동력 장치'를 비행기에 장착했답니다. 이 장치를 당시 공학에서는 '내연 기관'이라고 불렀어요. 그렇게 만들어진 라이트 형제의 비행기는 현재의 모습과 거의 비슷했어요.

라이트 형제의 비행기는 1903년 12월 드디어 첫 비행에 성공하게

비행기를 만든 동생 오빌 라이트(좌)와 형 윌버 라이트(우)

되지요. 비행 시간은 지금의 비행기와는 비교도 안 되는 단 12초였어요. 하지만 이 비행은 항공 공학의 발전에 큰 영향을 미쳤고 비행기 제작에도 박차를 가했어요. 비행기에 관련해서 오토 릴리엔탈보다 라이트 형제를 더 많이 기억하는 이유는 현재의 비행기와 가장 비슷한 형태의 비행기구를 만들어서일 거예요.

그 뒤로 항공 공학은 꾸준히 발전했어요. 1950년대에 이르러 제트 엔진이라는 공학 기술이 널리 알려지면서 항공 공학은 다시 한 번 크게 도약했어요. 비로소 지금 우리가 타는 비행기의 형태가 갖춰진 것이지요. 이때부터 사람들은 안전하고 빨리 목적지로 갈 수 있는 교통수단으로 비행기를 이용하게 되었어요. 마침내 비행기라는 발명품을 통해 하늘을 날고 싶다는 인간의 꿈을 이루게 된 거랍니다.

편지 대신 전화로

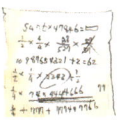

새뮤얼 모스의 전신 장치

가끔 집에서 치킨이나 탕수육을 주문해서 먹곤 하지요? 그때 무엇을 이용하나요? 전화로 주문을 할 겁니다. 그런데 만약 전화가 없다면 어떻게 주문할 수 있을까요? 직접 치킨집이나 중국집으로 찾아가서 사와야겠지요?

인류가 발전하면서 항상 불편하게 여겼던 것이 바로 멀리 있는 사람과 대화를 할 수 없다는 거였어요. 친구가 멀리 이사 가면 만나기 힘들었고 편지를 보내 소식을 전해야 했지요. 공학은 이런 문제를 해결해 보고자 했어요. 먼 거리에서도 대화를 나눌 수 있는 장치를 만들려고 말이에요. 공학 덕분에 우리는 지금 간편하게 집에서 치킨과 탕수육을 주문할 수 있고, 멀리 있는 친구와 즐겁게 대화할 수도 있게 된 거랍니다.

하지만 멀리 있는 사람과 의사소통을 가능하게 하는 장치가 처음부터 지금의 전화기 형태는 아니었어요. 처음 형태는 '전신'이라는 장치였어요. 전신은 사람 목소리 대신 '또·또·또, 또오'라는 소리가 들리는 장치였어요. 전신은 떨어진 곳에서 전기적 신호를 이용해 특정한 신호 방식으로 정보를 주고받을 수 있는 장치예요. 그 특정한 신호 방식을 '모스 부호'라고 해요.

이 전신 기술을 처음 만든 사람은 새뮤얼 모스예요. 평소에 전기에 흥미가 많았던 새뮤얼 모스는 전신에 관한 연구에 몰두했어요. 그리고 마침내 1839년 9월에 전신 실험에 성공했지요. '모스 부호'라는 이름도 '새뮤얼 모스'에서 유래된 것이죠.

전신 기술을 발명한 새뮤얼 모스

전신은 사람 목소리 형태가 아니라 짧거나 긴 신호음의 형태로 의사소통을 할 수 있는 장치였어요. 그래서 전신의 소리는 '또·또·또, 또오'처럼 들려요. 전신의 소리가 궁금하다면, 유튜브에서 '모스 부호'라고 검색하면 실제로 들을 수 있어요.

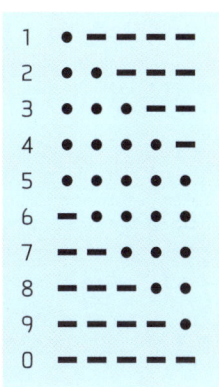

모스 부호로 전신을 보내고 있는 모습(좌)과 숫자를 모스 부호로 나타낸 것(우)

벨의 전화기

멀리 있는 사람과 의사소통하고 싶다는 공학의 열망은 여기서 멈추지 않았어요. 전신은 멀리 있는 사람과 의사소통할 수 있기는 했지만 여간 불편한 것이 아니었어요. 목소리를 통해 상대방과 이야기를 나누는 것이 아니라 '또·또·또, 또오'라는 소리를 듣고 의사소통하는 것이니 얼마나 불편했을까요?

"왓슨, 이리 와 주게! 자네가 필요하네!"

이 말 한마디로 전신의 시대에서 전화의 시대로 넘어오게 되었죠. 그런데 왓슨은 누구일까요? 왓슨은 알렉산더 그레이엄 벨의 조수였어요. 벨은 전화기를 발명한 다음 성공했는지 실험해 보기 위해 왓슨에게 처음으로 전화를 걸었지요. 다른 방에 있던 왓슨은 전화기를 통해 벨의

전화기를 발명한 알렉산더 그레이엄 벨

목소리를 선명하게 들을 수 있었지요. 전화기 발명이 성공한 거예요.

전화기는 공학적 발전을 거듭해서 지금 우리가 사용하는 유선·무선 전화기의 형태가 되었어요. 말하자면, 벨이 발명했던 전화기는 지금 흔히 사용하고 있는 스마트폰의 할아버지쯤 되는 셈이에요.

한 가지 알아야 할 것은 전화기를 가장 먼저 발명한 사람이 벨이라고 알려져 있지만, 비슷한 시기에 전화기 발명에 참여했던 두 사람이 더 있었다는 사실이에요. 이들은 독일의 과학자 필리프 라이스와 이탈리아의 발명가 안토니오 무치예요. 특히 안토니오 무치는 벨보다 먼저 전화기를 발명했다고 주장했고 2002년에는 미국 의회로부터 전화 발명자로 공식 인정을 받았어요. 이런 많은 공학자들의 노력 덕분에 지금 우리는 멀리 떨어진 사람과도 바로바로 의사소통을 하게 되었답니다.

참치가 깡통에 들어간 이유

통조림은 언제 등장했을까요?

여러분은 참치를 좋아하나요? 참치를 좋아하지 않더라도 집에서 참치 통조림을 본 적이 있을 거예요. 그런데 깡통에 들어 있는 참치가 놀랍지 않나요? 짧게는 일주일, 길게는 몇 달간 두고 먹을 수 있으니까요. 생각해 보세요. 바다에서 참치를 잡아서 일주일이나 몇 달간 집에 둔다면 어떤 일이 벌어질까요? 아마 금방 상하고 썩어서 먹는 것은 고사하고 고약한 냄새 때문에 꽤 고생할 거예요.

아주 먼 옛날부터 사람들이 가진 큰 불편함 중 하나는 음식에 관한 것이었어요. 정확히는 음식의 보관 문제였지요. 어떤 음식이든 시간이

지나면 상하거나 부패할 수밖에 없어요. 매일 음식을 해 먹어야 하는 사람들은 이 문제 때문에 무척이나 골치가 아팠어요. 음식을 많이 만들어도 보관할 수가 없으니 매일매일 새로 음식을 만들어야 하는 번거로움이 컸거든요.

음식을 깡통에 넣은 이유는 썩히지 않고 오래 보관하고 싶었기 때문이었어요. 비행기나 전화기의 발명과 같이 복잡하고 어려운 지식과 기술을 필요로 하는 것만이 공학은 아니에요. 이처럼 우리 주변의 불편한 문제를 해결하는 것이라면 어떤 것이든 공학이라고 할 수 있어요. 그런 면에서 통조림의 발명은 아주 훌륭한 공학적 발명이지요.

음식을 오래 보관할 수 있는 통조림은 언제 등장했을까요? 1795년쯤으로 거슬러 올라가야 할 것 같아요. 프랑스의 나폴레옹은 군대를 지휘하면서 한 가지 문제를 발견하게 되었어요. 군대를 이끌고 먼 지역으로 전쟁을 하러 가곤 했는데, 시간이 지나면 가지고 갔던 식량이 상해서 군인들에게 충분한 급식을 줄 수 없었거든요. 나폴레옹은 이 문제를 해결하기 위해 "장시간 음식을 보관할 수 있는 방법을 알고 있는 사람에게 엄청난 상금을 주겠다."고 발표했어요.

그 상금을 받은 사람은 프랑스 파리에서 과자를 만들던 니콜라 아페르였어요. 니콜라 아페르는 유리병에 과일과 채소를 담은 후 공기가 통하지 않게 단단히 막은 채 가열하는 방법을 사용했어요. 이렇게 하면 음식을 오랜 시간 보관해도 상하지 않았지요. 니콜라 아페르가 사용했던 방법은 오늘날까지도 과일로 잼을 만들 때 사용되는 식품 살균 방

다양한 음식을 담을 수 있는 알루미늄 캔

법의 한 종류예요.

    니콜라 아페르는 과자를 만드는 사람이기는 했지만 어떤 의미에서는 공학자라고도 할 수 있어요. 오랜 시간 인간이 가지고 있던 불편함을 해결했으니까요. 니콜라 아페르가 생각해 낸 저장 방법은 이후 통조림이 발명되는 데 큰 도움을 주었답니다.

금속 통조림의 등장

    오늘날의 통조림은 대체로 금속 캔의 형태지요? 지금과 같은 형태의 통조림이 나온 것은 영국인 피터 듀란드 덕분이에요. 1810년, 피터 듀란드는 금속 용기에 음식을 넣어 보관할 수 있는 통조림을 발명했답니다. 이로써 음식물을 깨지지 않는 금속 통조림으로 보관할 수 있는 길이 열리게 된 거예요.

물론 피터 듀란드의 통조림에 문제가 없었던 것은 아니었어요. 우선 금속 통조림은 열기가 쉽지 않았어요. 군인들이 총검으로 따야만 열릴 정도였지요. 이 문제는 1855년에 이르러 간편하게 통조림을 열 수 있는 장치가 발명되면서 해결되었어요.

하지만 금속 통조림에는 이보다 심각했던 문제가 하나 더 있었어요. 당시 금속 통조림의 뚜껑에는 납땜 처리를 해야만 했어요. 그래야 음식이 상하거나 썩지 않도록 통조림을 완전히 밀폐할 수 있었기 때문이지요. 하지만 그 때문에 통조림에 담긴 음식을 먹던 사람들 중 많은 사람이 납 중독에 걸리곤 했어요. 납은 굉장히 위험한 성분이거든요. 하지만 주석을 입힌 양철이나 아연을 입힌 강철로 캔을 만들면서 이 문제도 해결되었지요.

공학의 발전으로 통조림 캔의 많은 문제가 해결된 뒤, 1900년대에 와서야 비로소 통조림의 대량 생산이 가능해졌어요. 이런 과정을 통해서 지금 우리는 간편하게 열 수 있고, 독성도 없는 통조림을 어디서든 쉽고 간편하게 구할 수 있지요. 만약 통조림이 발명되지 않았다면 먼 바다에서 잡은 참치를 지금처럼 오래 보관하며 쉽고 간편하게 먹을 수는 없었겠지요?

컴퓨터에서 스마트폰까지

컴퓨터의 시작

여러분에게 문제를 하나 낼게요.

4,759,852×5,687,412=?

풀 수 있나요? 여러분은 곱셈을 할 수 있으니 못 풀 것도 없지요. 그렇지만 시간이 꽤 걸릴 거예요. 숫자가 너무 커서 계산이 복잡하기 때문이지요. 이 문제를 빨리 푸는 방법이 있어요. 집에 있는 계산기를 이용하면 간단히 답을 구할 수 있지요.

시작부터 복잡한 계산 문제를 풀어 보라고 한 건 컴퓨터에 관한 이야기를 하기 위해서예요. 요즘 컴퓨터가 없는 집은 없을 거예요. 여러분은 언제 컴퓨터를 사용하나요? 대부분은 게임을 하거나 동영상을 볼 때, 아니면 인터넷에서 궁금한 정보를 찾아보기 위해서 사용할 거예요.

하지만 처음 컴퓨터를 만든 건 이런 이유 때문이 아니었어요. 아주 먼 옛날부터 상인들은 물건을 사고파는 일을 했어요. 그런데 사고파는 물건의 양이 점점 많아지자 고민이 하나 생겼어요. 바로 복잡한 계산 때문이었죠. 예를 들어 보죠. 사과를 파는 상인이 있다고 해 봐요. 상인은 3개 마을에 각각 7개의 사과가 필요하다는 것을 알게 되었어요. 상인은 사과 몇 개를 들고 집에서 나서야 할까요?

어렵지 않죠? 3×7=21이니까, 21개의 사과를 가지고 집을 나서면 되는 거죠. 그런데 점점 거래 규모가 커져서 이제 1,657마을에 각각 3,564개의 사과가 필요해졌어요. 상인은 집에서 몇 개의 사과를 들고 나서야 할까요? 이런 계산은 너무 복잡하죠. 잘못하다가는 실수도 생길 거고요. 괜히 무겁게 들고 나갔다가 허탕을 칠지도 몰라요. 이런 문제를 해결하기 위해 등장한 것이 바로 계산기예요.

파스칼린과 에니악

지금 우리가 사용하는 컴퓨터는 바로 이 계산기로부터 시작되었어요. 계산기는 먼 옛날 시계를 만들던 시계공들이 처음으로 만들기 시작했어요. 시계공들은 톱니바퀴를 이용해 태엽 시계 형태의 계산기를 만

들었는데, 이것이 최초의 계산기라고 알려져 있어요.

그 뒤 1624년, 독일의 천문학자이자 수학자인 빌헬름 쉬카르트가 톱니와 피스톤을 이용해 기계식 계산기를 만들었어요. 그 계산기는 여섯 자리의 수까지 더하고 뺄 수 있었어요. 그 뒤 1642년, 프랑스 사람인 블레즈 파스칼이 복잡한 수를 계산해야 하는 직업을 가진 아버지를 돕기 위해 기계식 수동 계산기를 만들었지요. 이 계산기의 이름은 자신의 이름을 딴 '파스칼린(Pascaline)'이었어요.

컴퓨터의 시작이 계산기이기는 하지만 계산기는 지금의 컴퓨터와는 상당한 차이가 있었어요. 지금 컴퓨터는 전기·전자를 이용해 정보를 처리하고 계산하는 방식이지만 당시의 계산기는 단순한 기계식 계산기였어요. 기계식 계산기는 아주 복잡한 계산은 하지 못했어요.

이를 해결하기 위해 전기·전자식 계산기를 발명하게 되었어요. 전기·전자식 계산기를 흔히 '디지털 컴퓨터'라고 부르기도 해요. 세계 최초의 디지털 컴퓨터는 1946년에 '에니악(ENIAC)'이라는 이름으로 첫선을 보였어요. 미국이 3년 동안 막대한 돈을 들여 개발했는데, 원래는 무기 개발을 위해 만들었다고 해요.

에니악은 기계식이 아니라 전기·전자식이라는 측면에서 지금의 컴퓨터와 상당히 비슷해요. 하지만 만약 여러분이 에니악의 실제 사진을 본다면 깜짝 놀랄지도 몰라요. 에니악의 크기는 아파트 한 채 정도였고, 무게도 30톤이나 되었으니까요. 지금 책상 위에 있는 컴퓨터와는 전혀 다른 모습이지요? 에니악이 크고 무거울 수밖에 없었던 이유는

최초의 컴퓨터 에니악(좌)과 1960년대에 만들어진 트랜지스터(우)

'진공관' 때문이었어요. 진공관은 컴퓨터의 머리 같은 거예요. 에니악이 사람 대신 복잡한 계산을 할 수 있었던 건 진공관이 발명되었기 때문이에요. 그런데 이 진공관 자체가 굉장히 크고 무거웠기 때문에 에니악 역시 크고 무거울 수밖에 없었답니다.

하지만 전자 공학이 계속 발전하면서 1947년에 진공관의 역할을 대신할 수 있는 '트랜지스터'가 발명되었어요. 트랜지스터는 진공관의 역할을 대신할 수 있지만 크기는 진공관보다 훨씬 작고 가벼웠어요. 이때부터 컴퓨터는 점점 작아지기 시작했어요. 트랜지스터는 훗날 컴퓨터의 발전에 큰 도움을 주게 되는 '집적 회로(IC)'와 '마이크로프로세서'라는 제품 발명에 큰 영향을 주었어요.

책상 위에서 손 안으로 옮겨 온 컴퓨터

1971년이 되자 컴퓨터는 다시 한 번 큰 발전을 하게 되었어요. 미국의 반도체 회사인 인텔에서 작은 칩 하나에 컴퓨터 한 대가 들어갈 수 있는 회로를 개발했거든요. 이것이 바로 '마이크로프로세서'예요. 이 공학 기술은 정말 대단한 것이었어요. 30톤짜리 에니악이 담뱃갑 크기 속으로 들어가게 되었으니까요.

마이크로프로세서라는 제품의 탄생으로 비로소 컴퓨터가 책상 위에 올라오게 되었어요. 1981년에 IBM이라는 컴퓨터 회사에서는 개인용 컴퓨터에 PC라는 상품명을 붙여 작고 가벼운 개인용 컴퓨터 판매를 시작했어요. 하지만 PC 역시 지금 우리가 사용하고 있는 컴퓨터와는 조금 다른 모습이었어요. 바로 마우스 때문이지요.

지금 대부분의 컴퓨터는 마우스를 움직여 프로그램을 작동시킵니다. 이런 형태의 최초의 컴퓨터는 1982년 애플이라는 회사에서 만든 '리자(Lisa)'였어요.

마우스를 이용한 컴퓨터를 만드는 데 큰 역할을 한 사람이 바로 '스티브 잡스'예요. 당시 컴퓨터는 과학자나 공학자 등 소수의 사람들만이 사용하는 제품으로 여겼어요. 당연히 컴퓨터의 사용법은 복잡하고 어려울 수밖에 없었죠. 스티브 잡스는 기존의 복잡하고 어려운 컴퓨터를 누구나 쉽고 간편하게 사용하도록 만들고자 했어요. 그래서 간단히 마우스를 움직여 클릭하는 컴퓨터 운영 체제를 만들었던 것이죠.

마우스를 이용하는 컴퓨터를 만든 스티브 잡스(ⓒ위키피디아)

컴퓨터 공학의 발달은 여기서 멈추지 않았어요. 이제 컴퓨터는 책상 위가 아니라 여러분의 손 안으로 들어오게 되었어요. 예전의 전화기가 통화하는 기계였다면, 요즘 스마트폰은 컴퓨터에 가까워요. 스마트폰만 있다면, 집에서 컴퓨터를 켤 일이 없을 정도지요. 이미 스마트폰이 컴퓨터를 대신하고 있는 셈이에요.

어때요? 다시 생각해 봐도 공학은 참 놀라운 학문이지 않나요? 단순한 기계식 계산기였던 '파스칼린'부터 30톤짜리 '에니악'을 거쳐 이제 컴퓨터가 손 안으로 들어오게 되었으니 말이지요. 이처럼 사람들은 공학을 이용해 항상 지금보다 더 나은 삶을 꿈꾸었어요.

4장

우리 역사를 바꾼 공학에는 어떤 것이 있을까요?

우리 역사 속의 공학

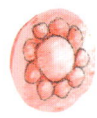

가야의 금속 공학, 철갑옷과 투구

흔히 공학은 서양의 학문이라고 생각합니다. 공학이 서양을 중심으로 발전해 온 수학과 과학을 기반으로 했기 때문일 거예요. 하지만 그건 선입견이에요. 지금의 공학이 수학과 과학을 중심으로 특정한 문제를 주로 해결하기는 하지만 앞서도 말했듯이 기본적으로 공학은 생활에서 어떤 불편함이나 문제를 발견하고 해결하는 과정이거든요.

그런 면에서 우리 역사 속에서도 공학은 이미 오래전부터 존재했어요. 현명했던 우리 선조들은 삶 속에서 불편함이나 문제를 발견하고 그것을 해결하는 과정을 계속해 왔으니까요. 앞에서는 세상을 바꾼 세계의 공학과 공학자들에 대해서 이야기했으니, 이제는 우리 역사 속에 어떤 공학과 공학자들이 있었는지 살펴볼까요?

우리의 역사 속에서 공학은 서양만큼이나 아주 오래전부터 발달해 왔어요. 먼저 삼국 시대로 거슬러 올라가 봐요. 역사 드라마나 영화를 보면 철갑옷을 입고 전쟁에 나가는 군사의 모습을 본 적이 있을 거예요. 이런 철로 만든 갑옷은 삼국 시대 남쪽 지역에 자리 잡은 가야에서부터 만들어지기 시작했어요. 가야 지역에는 철이 많이 생산되었는데, 가야 사람들이 앞선 제철 기술을 바탕으로 훌륭한 철제 갑옷을 만들었던 거죠.

가야의 갑옷(ⓒ위키피디아)

가야의 제철 기술이 널리 알려지면서 당시 철을 전혀 다룰 줄 모르던 일본이 가야의 철을 수입해 가기도 했답니다. 갑옷과 투구, 다양한 장신구를 만들었던 가야의 제철 기술은 현대의 기술과 상당히 비슷한 것으로 알려져 있어요. 그러니 이미 삼국 시대 때부터 우리나라만의 금속 공학이 시작된 것이라고 볼 수 있지요.

신라의 건축 공학, 석굴암

우리 역사 속 공학의 발자취는 신라에서도 찾아볼 수 있어요. 경주에 여행 간 적이 있다면 석굴암을 본 적이 있을 거예요. 토함산 자락에 위치한 석굴암은 8세기 중엽 통일 신라에서 만들어진 대표적인 불교 건축물로, 유네스코 세계 문화유산으로도 등재되었어요.

현대 건축 공학자들은 석굴암이 아주 정교하고 정확한 수학적 계산 아래 만들어진 것이라고 입을 모으지요. 석굴암 석굴의 구조는 직사각형의 '전실'과 원형의 '주실'이 복도 역할을 하는 통로로 연결되어 있어요. 360개의 넙적한 돌로 원형인 주실의 천장을 아치형으로 만든 건축 기법은 세계에서 찾아볼 수 없는 뛰어난 기술이라고 해요.

또한 습기가 많은 자연 환경을 극복하고 천 년을 버텨 온 석굴암은 과학기술의 결정체라고 할 만큼 자체적으로 환기와 습도를 조절하도록 설계되었답니다. 석굴암이 증명해 주듯이, 우리 조상들이야말로 수학과 과학 지식을 바탕으로 하는 고도의 건축 공학적 기술을 가지고 있었다고 할 수 있지요.

고려 시대 인쇄 기술, 〈팔만대장경〉

고려 시대의 대표적인 공학은 인쇄 기술이에요. 경남 합천에 '해인

사'라는 절이 있는데 바로 이곳에 세계 어디에 내놓아도 손색이 없는 우리의 공학 기술이 숨 쉬고 있지요. 바로 〈팔만대장경〉이에요.

1236년부터 1251년까지 16년간 제작된 〈팔만대장경〉은 몽골의 침략을 부처님의 힘으로 물리쳐 보고자 국가적으로 벌인 사업이었어요. 이름 그대로 팔만 장이 넘는 경판에 불교 경전의 내용을 일일이 새기는 힘들고 긴 작업이었어요. 하지만 한 번 판을 만들어 놓으면 그것을 이용해서 간편하게 책을 만들 수 있으니, 충분히 가치 있는 일이지요.

이 경판을 가로로 눕혀 쌓으면 백두산 높이인 2,744미터가 되고, 가로로 이으면 길이가 60킬로미터 정도라고 해요. 새겨진 글자의 수도 약 5,200만 자나 된답니다. 나무판을 얼마나 공을 들여 만들었는지 지금까지도 여전히 사용할 수 있을 정도라고 해요.

〈팔만대장경〉은 현재 합천 해인사 장경판전에 보관되어 있어요. 장

〈팔만대장경〉과 이를 보관하고 있는 합천 해인사의 장경판전(©문화재청)

경판전은 습도와 풍향 등을 자동으로 조절하는 과학적인 건축물로, 1995년에 유네스코가 지정한 세계 문화유산으로 등재되었어요. 우리 전통 공학 기술뿐만 아니라 인류의 유산으로도 인정받은 거죠.

조선 시대의 공학, 실학

조선 시대에 이르면 본격적으로 공학이 꽃을 피우게 되는데, 그것은 바로 '실학'이에요. 우선 실학이 무엇인지부터 알아볼까요? 실학은 1600년부터 1800년 초반까지 조선 후기 사회에서 나타났던 새로운 학문 사상을 말합니다.

조선 시대에 널리 알려진 학문은 성리학이라는 학문이었어요. 하지만 성리학은 백성들의 불편함이나 사회 문제를 해결하는 데 직접적인 도움을 주지는 못했지요. 그 한계를 극복하기 위해 등장한 학문이 바로 실학이었어요.

실학은 서구의 과학기술을 받아들이고 실용성을 강조했으며 농업, 상업, 수공업 등 생산 노동의 중요성을 강조했어요. 실학의 중요성이 널리 알려지면서 훌륭한 실학자들도 등장했어요. 대표적인 실학자로는 '홍대용'과 '정약용'을 들 수 있어요. 두 사람은 여러 역사책에 등장하고 있어 우리에게도 친근한 인물이지요. 이들은 백성들의 실생활에 도움이 될 수 있는 여러 권의 책을 남기기도 했어요.

공학의 중요성을 꿰뚫어 본 홍대용

홍대용은 공학의 중요성을 미리 알고 연구한 실학자예요. 그는 서양 과학이 동양 과학보다 앞선 점은 '실험 기구와 수학을 통한 검증'에 있다는 것을 깨달았어요. 그래서 공학에 필요한 과학 지식을 쌓기 위해 혼자서 갖가지 실험 기구를 만들고, 이를 사용하는 데 많은 노력을 기울였지요.

또한 홍대용은 다른 학자들과 달리 서양 과학의 핵심이 수학에 있음을 알았어요. 이것은 홍대용이 쓴 책《주해수용》에도 잘 드러나 있어요. 이 책에서 홍대용은 더하기, 빼기, 곱하기, 나누기의 사칙 연산과 원주율 계산법 등 공학에 필요한 서양 수학을 잘 소개하고 있어요. 공학의 중심에 과학과 수학이 있다는 것을 일찌감치 파악했던 거죠. 이러한 홍대용의 노력 덕분에 우리 전통 공학도 크게 발전할 수 있었어요.

《의산문답》 삽화로 그려진 홍대용
(ⓒ위키피디아)

거중기를 만든 다산 정약용

우리 전통의 공학인 실학을 언급하면서 빼놓을 수 없는 인물이 있어

수원 화성의 모습(ⓒ문화재청)

요. 바로 정약용입니다. 조선 시대에 정약용만큼 많은 학문적 업적과 기술적 업적을 남긴 사람도 없지요. 물론 훌륭한 실학자들은 많았지만 정약용은 다른 실학자들과 조금 달랐어요. 바로 정약용이 여러 가지 기구를 활용해서 실학을 실천했기 때문이에요.

당시 조선의 임금은 정조였어요. 정조는 수원에 큰 성을 만들기로 계획하고 이 일을 정약용에게 맡겼지요. 임금으로부터 큰 임무를 받은 정약용은 성을 쌓은 뒤에 어떤 공사법을 사용했는지, 기간은 얼마나 걸렸으며, 장비는 어떤 것을 사용하였는지, 또 비용은 얼마나 들었는지 자세하게 보고서를 만들어 정조에게 보냈어요. 이 보고서에는 수원성의 설계도까지 포함되어 있었지요. 이 보고서는 아직까지 남아 있기 때문에 수원성이 어떻게 세워졌는지 자세히 살펴볼 수 있답니다.

수원성을 쌓기 위해 정약용이 발명한 장비와 기구 중 대표적인 것이 '거중기'였어요. 거중기는 도르래의 원리를 이용해 무거운 물건을 손쉽게 들어 올릴 수 있는 기구예요. 지금으로 말하자면 건설 장비라고 할 수 있지요. 성을 짓자면 큰 돌들이 많이 필요한데 거중기를 이용해서 시간도 줄이고 사람들의 수고로움도 줄일 수 있었어요.

이 밖에도 재래식 수레바퀴보다 바퀴가 작은 유형거를 만들어 사용했어요. 유형거에는 저울의 원리인 '복토'를 덧대 수레의 무게 중심을 평형으로 유지시켜 비탈에서도 사용하기 편리했어요. 수원성을 짓는 데 들어간 놀라운 공학 기술은 손으로 다 꼽을 수 없을 정도로 많아요.

용포를 입은 공학자와 물시계

해시계의 등장

아침에 일어나 보니 세상에 시계가 사라졌다면 어떨까요? 친구와 도서관에서 3시에 만나기로 약속을 했는데, 지금 시간을 알 수 없다면 얼마나 답답할까요? 지각을 하지 않고 등교할 수 있는 것도, 친구와 약속한 장소에 제때 갈 수 있는 것도 모두 정확한 시간을 알 수 있는 시계가 있기 때문이에요.

실제로 먼 옛날 시계가 없던 시절에는 약속이 어긋나기도 하고, 또 약속 장소에서 한참을 기다려야 하기도 했어요. 사람들은 이런 불편함을 해결하기 위해 시계를 발명했어요. 그렇다면 시계가 세상에 나오기

전에 사람들은 시간을 전혀 알 수 없었던 것일까요?

시계가 없던 시절, 사람들은 해와 별을 이용해 시간을 알아냈어요. 해는 아침에 동쪽에서 떠서 저녁에 서쪽으로 지잖아요? 그 과정에서 같은 자리에 있는 물건의 그림자 위치가 변하게 되지요. 바로 그 그림자의 위치와 모양의 변화로 현재 시간이 어느 정도 되었는지 알아내곤 했어요. 이처럼 해의 움직임을 이용해 시간을 측정하는 것을 '해시계'라고 해요.

그런데 이 해시계에는 문제가 있었어요. 밤에는 사용할 수 없다는 점이죠. 그래서 사람들은 밤에도 시간을 알 수 있는 방법을 찾아내게 되었어요. 그림자 대신 밤하늘에 반짝이는 별자리의 움직임을 이용해 시간을 알아내는 것이었죠.

하지만 해와 별을 이용해 시간을 재는 것에는 한계가 있었어요. 정확한 시간을 알 수가 없어 대충 짐작했을 뿐이니까요. 그보다 더 큰 문제는 날씨가 흐리거나 비가 오는 날에는 해와 별을 이용해 시간을 알아낼 수가 없었다는 거였어요.

자동 물시계를 발명한 장영실

선조들은 해시계의 한계를 해결하기 위해 물시계를 발명했어요. 물시계의 기본 원리는 모래시계와 비슷해요. 물을 넣은 항아리에 작은 구

멍을 뚫어 물방울을 하나씩 떨어뜨리고, 그 떨어진 물을 다른 항아리에 받아요. 떨어진 물의 양을 파악해서 시간을 재는 것이 물시계의 원리예요. 물시계는 해나 별을 사용하는 것보다 훨씬 편리했어요. 날씨나 낮밤에 상관없이 비교적 정확한 시간을 잴 수 있었으니까요.

그런데 이 물시계도 불편함이 없었던 것은 아니었어요. 처음에 만들어진 물시계는 매일 물을 갈아 주어야 했고, 항상 사람이 옆에서 지키고 서서 시간을 재야 했어요. 이런 문제를 해결하기 위해 사람 없이도 시간을 잴 수 있는 자동 물시계를 발명하게 되었답니다. 자동 물시계를 처음 만든 사람은 중국 송나라 사람인 '소송'이었어요.

하지만 소송이 만든 자동 물시계는 너무나 복잡했어요. 그래서 그가 세상을 뜬 뒤에는 아무도 자동 물시계를 만들지 못했고 그 기술도 이어지지 못했지요. 이후 자동 물시계는 중국이 아닌 우리나라에서 다시 발명되었어요. 조선의 임금 세종대왕과 장영실, 김조, 이천 등이 자동 물시계를 만드는 데 성공했거든요. 세종대왕 때 만들어진 자동 물시계를 '자격루'라고 해요.

자격루를 만드는 데는 많은 사람들의 노력이 있었어요. 하지만 가장 큰 역할을 한 사람은 장영실이에요. 장영실은 어렸을 때부터 무언가를 만들고 고치는 일을 아주 잘했어요. 마을 사람들은 농기구 등에 문제가 생기면 누구보다 먼저 장영실을 찾아가곤 했지요. 원님의 추천으로 궁궐로 들어간 장영실은 백성들을 위한 일에 누구보다 힘썼던 세종대왕과 함께 수많은 업적을 남기게 되었답니다.

장영실이 만든 물시계인 자격루(ⓒ문화재청)

　장영실은 자격루 이외에도 '앙부일구'라고 불리는 해시계를 발명하기도 했어요. 장영실이 기술자로 활약한 세종 때는 비의 양을 재는 측우기도 발명되었어요. 세종의 아들 문종이 세자이던 시절에 아이디어를 낸 것이지요. 측우기 발명에 대해서는 세 가지 설이 전해지는데, 장영실이 만들었다는 설도 있고, 문종이 개발을 주도했다는 설, 당시 기술자였던 장영실 등이 함께 만들었다는 설이 전해지고 있어요.

위대한 발명품, 한글

　세종대왕을 모르는 사람은 없지요? 사람들은 세종 임금을 왜 '대왕'

이라고 할까요? 많은 이유가 있겠지만, 그가 임금인 동시에 훌륭한 공학자로 업적을 남긴 까닭이기도 할 거예요. 용포를 입은 공학자라니 조금 의아하죠? 보통은 공학자라고 하면 과학이나 수학에 정통한 학자나 기술자를 떠올리게 되니까요.

공학이 어떤 문제를 발견하고 그 문제를 해결하는 학문이라는 측면에서 세종대왕은 분명 공학자입니다. 그것도 아주 훌륭한 공학자이지요. 조선 시대의 백성들에게 가장 불편한 것 중의 하나는 글이었어요. 지금 우리는 입으로 내뱉는 말을 바로 글로 쓸 수 있지만 조선 시대에는 그렇지 못했어요. 입으로 내뱉는 말과 종이에 쓰는 글이 서로 달랐거든요. '땅'이라고 말하면서도 글로는 '지(地)'라고 써야 했지요. 우리만의 글자가 없어 중국의 한자를 사용했기 때문이에요.

조선 시대에는 글을 배운 사람들이 대체로 신분과 지위가 높았지요. 신분이 낮고 가난한 사람들은 글을 배우지 못해 대부분이 '까막눈'이었어요. 뭔가를 기록할 때는 글을 배운 사람에게 일일이 부탁해야 했지요. 이런 백성들의 어려움을 해결한 사람이 바로 세종대왕이었어요.

세종대왕은 백성이라면 누구나 쉽게 읽고 쓸 수 있는 우리 문자를 만들고자 했어요. 오랜 연구 끝에 백성들이 쓰는 입말대로 쓰고 읽을 수 있는 글자를 만들었지요. 이것을 '훈민정음'이라고 해요. 훈민정음은 모음과 자음을 사용해 모든 말을 표현하는 쉽고 과학적인 글자였어요. 훈민정음이 반포되자 비로소 많은 백성들이 글을 쓰고 읽게 되었답니다. 훈민정음은 20세기에 이르러 '한글'이라고 불리게 되었어요.

한글은 정말 위대한 발명이에요. 중국의 한자와 우리의 한글을 한번 비교해 볼까요? 한자를 배우는 것은 아주 어려워요. 글자 자체의 모양이 복잡할 뿐 아니라 외워야 할 글자 수도 어마어마하게 많지요. 실제로 한자가 전부 몇 글자나 되는지는 중국인들도 모른다고 해요.

우리의 한글은 어떤가요? 현재 우리가 사용하는 한글의 글자 수는 자음 14자와 모음 10자로 이뤄져 있어요. 자음과 모음을 합친 24자로 우리가 소리 내는 거의 모든 말을 쓰고 읽을 수 있어요. 훈민정음이 처음 만들어졌을 때는 자음 17자와 모음 11자의 28자였어요. 그중 4자는 사라졌어요. 수만 자를 다 외워야 하는 것과 간단하고 쉬운 28자를 익히는 것 중 어떤 것이 더 편리한지는 말할 필요도 없겠지요?

이렇게 간단하고 쉬운 한글이 만들어지자 백성들의 여러 가지 불편함이 해결되었어요. 한자를 모르는 백성들도 편지를 써 서로 소식을 전할 수 있었고 더 많은 사람들이 책을 읽게 되었으니까요. 지금 여러분이 이 책을 읽는 것도 세종대왕 덕분이라고 할 수 있어요. 그래서 영국 옥스포드 대학에서는 한글이 세계 2,900여 개의 언어 가운데 최고의 언어라고 발표하기도 했답니다.

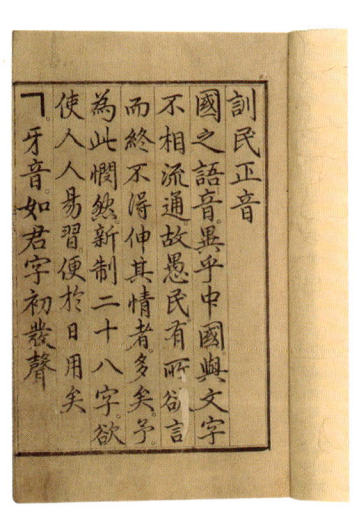

세종대왕이 만든 훈민정음(ⓒ위키피디아)

공학의 발전을 위해 힘쓴 세종대왕

세종대왕은 한글을 만들었을 뿐만 아니라 실제적으로 공학의 발전에도 큰 기여를 했어요. 우리 역사를 통틀어 세종대왕 때만큼 공학이 발전했던 시기도 없었을 거예요.

이 시기에 천체 관측 기구가 만들어졌고, 앞서 말했던 앙부일구와 자격루도 만들어졌어요. 이뿐인가요? 금속 활자인 '경자자'와 '갑인자'를 이용한 인쇄 기술도 크게 발전했고 각종 무기와 전함에 관련된 공학 기술도 발전했지요. 뿐만 아니라 의학 기술도 크게 발전했어요. 말하자면, 세종대왕이 집권한 시기가 바로 각종 공학이 놀라울 정도로 발전한 시기였던 셈이에요.

이것은 과학성과 실용성을 추구한 세종대왕의 현명함 덕분이었어요. 세종대왕은 불편함을 해결할 수 있는 기술 개발의 중요성을 일찍이 깨닫고 있었으니까요. 그래서 선진 과학기술을 적극적으로 받아들이고, 이를 우리나라에 맞게 개량하는 데도 힘을 아끼지 않았어요. 또 능력 있는 인재를 많이 뽑아 공학에 힘쓰도록 격려했지요. 세종대왕의 이런 많은 노력 덕분으로 우리 전통 속의 공학은 한 걸음 더 발전했답니다.

조선 시대에 로켓을 쏘아 올리다

우주여행과 로켓

공학의 발전이 비행기를 만들었고, 이로써 우리는 보다 쉽게 세계를 여행하게 되었습니다. 하지만 공학의 발전이 여기서 멈춘 것은 아니었어요. 사람들은 이제 우주여행을 꿈꾸게 되었지요. '사람이 지구 밖의 넓은 우주로 나갈 수는 없을까?'라는 질문과 함께 탄생한 것이 바로 '로켓'이에요.

로켓이 무엇인지 설명하기 위해서는 간단한 과학적 지식 하나가 필요해요. 바로 '작용-반작용의 법칙'이지요. 벽을 마주하고 서서 양손으로 벽을 세게 밀어 보세요. 어떻게 되나요? 몸이 뒤로 밀리지요? 이처럼 A(사람)라는 물체가 B(벽)라는 물체에 힘을 주면, B 역시 A에게 반대 방향으로 같은 크기의 힘을 보낸다는 것이 '작용-반작용의 법칙'이에요.

로켓은 '작용-반작용의 법칙'을 이용한 비행 물체예요. 혹시 텔레비전에서 로켓 발사 장면을 본 적이 있나요? 수직으로 서 있는 로켓이 아래쪽으로 불을 내뿜으면서 하늘로 솟구쳐 오르는 장면 말이에요. 연료를 태울 때 나오는 가스가 바닥을 밀면, 그 반작용으로 로켓이 하늘로 솟구쳐 오르는 거죠.

우주에 떠 있는 인공위성 역시 이 로켓에 의해서 우주로 보내지는 거예요. 로켓은 인공위성이나 사람을 실은 '우주 발사체'의 추진 장치로 쓰이기도 하고, 누군가를 해칠 탄두를 실은 '미사일'의 추진 장치로 쓰이기도 해요.

로켓에 관한 연구는 오래전부터 시작되었어요. 하지만 로켓이 널리 알려지게 된 것은 1960년 즈음이에요. 1961년 미국의 케네디 대통령은 "1960년대에 인간을 달로 보내고 안전하게 귀환시키겠다!"라고 발표했어요. 인간이 달로 가는 이 엄청난 계획이 '아폴로 계획'이었지요. 아폴로 계획은 많은 시행착오를 겪었지만 1969년에 훌륭하게 성공했어요. 드디어 인간이 로켓을 타고 우주여행을 시작한 거죠.

미국이 로켓을 이용해 인간을 달로 보내는 데 성공했기 때문이었을까요? 로켓 공학은 서양을 중심으로 크게 발전했어요.

최초의 로켓 제작자 최무선

그렇다면 우리의 역사 속에서 로켓 공학의 흔적은 없을까요? 그렇지 않아요. 우리 역사 속에도 독자적인 로켓 공학이 존재했어요.

고려 말 무신이었던 최무선이 대표적인 로켓 공학자예요. 최무선이 살았던 시대에는 왜구의 침략이 잦아서 백성들이 많은 고통을 받고 있었어요. 최무선은 왜구를 물리치기 위한 강력한 무기가 있으면 좋겠다고 생각했어요. 최무선이 관심을 가진 것은 중국에서 만든 화약이었어요. 하지만 중국에서는 화약 제조 기술을 다른 나라에 알려 주지 않았기 때문에 최무선은 스스로 화약을 만들기 위해 화약 연구에 온 열정을 쏟아부었고, 결국 화약을 만드는 데 성공했지요. 게다가 화약을 이용할 수 있는 화석포, 철탄자, 주화, 화포 등 다양한 무기도 만들었어요.

최무선이 만든 무기 가운데 '주화'라는 것이 있어요. 주화는 화살에 화약이 들어 있는 종이 통을 붙인 무기였어요. '주화'란 '달리는 불'이라는 뜻이지요. 그 뜻처럼 종이 통에 불을 붙이면 그것을 추진력으로 삼아 불 붙은 화살이 날아가는 원리였지요.

주화의 기본 원리는 지금의 로켓과 거의 비슷해요. 화약이 터지는 힘의 반작용을 이용해 화살을 쏘아 올리는 방식이 '작용-반작용의 법칙'을 이용해 로켓을 우주로 쏘아 올리는 원리와 같거든요. 그래서 최무선이 만든 주화를 우리나라 최초의 로켓이라고 볼 수 있어요.

조선 시대의 로켓 병기, 신기전

고려 시대부터 이어진 로켓 공학은 조선 시대 이르러 꽃을 피우게 되었어요. 조선 세종대왕 때는 '신기전'이라는 무기가 만들어졌는데, 이것은 최무선이 만들었던 주화와 비슷해요. 종이 통 속에 화약을 넣고, 그 종이 통을 화살에 붙인 원리이지요. 하지만 신기전은 주화보다 더 발전되었어요. 지금의 로켓에 한층 더 가까워진 모양이었거든요. 신기전은 크기에 따라 '소신기전', '중신기전', '대신기전'으로 나뉩니다. 이 중에서 대신기전은 길이가 5.5미터이고, 날아갈 수 있는 거리가 2킬로미터나 되었어요. 대신기전은 1448년에 만들어졌어요.

신기전에는 로켓 공학 기술이 많이 들어 있어요. 로켓에서 특히 중요한 공학 기술은 발사 방법과 정밀도예요. 현대 공학에서 로켓을 가장 멀리 보낼 수 있는 각도는 45도라고 알려져 있어요. 신기전은 발사 각도를 0도부터 43도까지 조절할 수 있었어요. 이것은 이미 조선 시대에 로켓 발사와 관련된 수학적 계산을 할 수 있었다는 것을 증명하는 거예요.

또 로켓은 얼마나 정밀하게 만들 수 있느냐가 매우 중요해요. 오랫동안 로켓이 발명되지 못했던 것은 정밀한 단위를 잴 수 있는 기술이 없었기 때문이기도 했어요. 그런데 세종대왕 때에는 정밀한 단위를 잴 수 있는 자가 있었어요. 이 자는 1리(0.3밀리미터)까지 측정할 수 있었어요. 현재 우리가 일반적으로 쓰는 자의 최소 단위가 1밀리미터잖아요? 조선 시대에 0.3밀리미터를 측정하는 자가 있었다는 것은 정말 놀

조선 세종대왕 때 만들어진 신기전(ⓒ위키피디아)

랄 만한 일이지요.

고려 시대의 주화, 조선 시대 신기전을 통해 알 수 있듯이, 우리 역사 속에는 이미 로켓 공학에 관련된 상당한 기술이 있었어요. 물론 주화나 신기전은 우주 발사체라기보다는 미사일에 가깝기는 해요. 하지만 그 속에 숨어 있는 로켓 공학 기술이 후대에까지 잘 전해지고 발전했다면 어떻게 되었을까요? 어쩌면 우리나라가 미국보다 먼저 달에 우주선을 보낼 수 있지 않았을까요?

5장

공학자는 어떤 사람일까요?

호기심이 많은 사람

투덜이 스머프의 장점

〈개구쟁이 스머프〉라는 만화를 알고 있나요? 스머프는 숲속에 모여 사는 작고 파란 꼬마 요정이에요. 만화에는 다양한 성격을 가진 스머프들이 등장해요. 장난을 좋아하는 익살이 스머프, 뭐든 아는 척하는 똘똘이 스머프, 그리고 할아버지인 파파 스머프도 있지요. 투덜이 스머프도 있어요. 투덜이 스미프는 이름처럼 언제나 투덜거리지요. 그래서 〈개구쟁이 스머프〉를 본 사람 중에 투덜이 스머프를 좋아하는 사람은 많지 않아요. 항상 투덜대는데 누가 좋아할 수 있겠어요? 그런데 투덜이 스머프의 성격에는 장점이 정말 하나도 없는 것일까요? 아니에요.

어쩌면 투덜이 스머프는 나중에 훌륭한 공학자가 될지도 몰라요. 우리 생활에서 불편함을 주는 어떤 문제를 느끼거나 발견하게 될 때 그것을 해결하기 위해 애쓰게 되니까요. 누군가 밤에 어두운 길을 걷는 것이 불편하다고 느끼지 않았다면 전구나 전등이 만들어지지 못했을 거예요. 멀리 여행 갈 때 걸어가야 하는 것이 불편하다고 느끼지 못했다면 자동차는 만들어지지 못했을지도 몰라요. 이처럼 공학은 언제나 불편함을 느끼는 것으로 시작되지요.

이제 왜 투덜이 스머프가 훌륭한 공학자가 될지도 모른다고 말했는지 눈치챘나요? 투덜이 스머프만큼 불편함을 잘 찾아낼 수 있는 사람도 없을 거예요. 물론 항상 불평불만을 늘어놓는다고 공학자가 된다는 건 아니에요. 하지만 일상생활에서 어떠한 불편함도 찾지 못하는 사람이 훌륭한 공학자가 될 수는 없지요.

우리 삶을 바꾼 훌륭한 공학자들은 한편으로는 투덜이 스머프였어요. '집에서 편하게 운동할 수는 없을까?', '왜 이렇게 복잡한 계산을 하고 있어야 해?', '밖에서는 왜 텔레비전을 볼 수 없는 거야?'라고 투덜거렸던 사람이 없었다면 실내 운동 기구, 계산기, 스마트폰을 만드는 공학자 역시 탄생할 수 없었을 거예요.

그러니 일상생활에서 불편함이나 문제를 잘 찾아내는 사람은 훌륭한 공학자가 될 수 있어요. 불편함이나 문제를 찾아내지 못하면 공학 자체가 시작될 수 없기 때문이죠. '시작이 반이다.'라는 말이 있잖아요?

엉뚱한 호기심을 가진 공학자

공학자가 가진 또 하나의 중요한 특징은 바로 호기심이에요. 위대한 공학자들은 항상 주변에 있는 것들에 대한 호기심이 가득했어요. 익숙하게 주어지는 상황에서도 '이건 꼭 이렇게 해야 하는 걸까?', '이건 왜 이렇게 움직이는 거지?'라는 질문을 끊임없이 하는 거죠. 이런 질문을 하지 못하는 사람은 훌륭한 공학자가 될 수 없어요.

예를 들어, 많은 사람들이 똑같이 컴퓨터를 사용하지만 공학자는 이런 궁금증을 가질 수 있어요. '왜 컴퓨터는 꼭 집에서만 사용해야 하는 거지?' 또 함께 모여 텔레비전을 볼 때도 공학자는 이런 생각을 할 수 있어요. '저렇게 얇은 판에서 어떻게 화면과 소리가 나오는 거지?' 익숙한 상황에 대해서도 관심과 의심을 가지는 사람이 공학자예요. 호기심은 공학자에게 매우 중요해요. 이 호기심이 없다면 불편함이나 문제를 찾아낼 수 없을 테니까요.

여러분 중에 공학에 흥미가 있거나 공학자가 되고 싶은 사람이 있나요? 만약 그렇다면 학교나 학원, 집, 놀이터에서 주변에 있는 것들에 호기심을 가지는 것부터 시작해 보세요. 너무 익숙해서 당연하다고 여기고 있었던 것들을 다시 살펴보고, 원리를 생각하고, 의심을 해 보는 것이 중요합니다.

남들이 엉뚱하다고 해도 괜찮아요. 당장 오늘부터 시작해 보세요. 예를 들면, '왜 자전거는 페달을 밟아야만 앞으로 가는 걸까?', '리모컨은 어떻게 작용하는 걸까?', '시계로 친구와 전화를 할 수 없을까?', '무거운 가방을 안 들고 학교를 갈 수는 없을까?' 이런 생각을 가지고 세상을 바라보는 것이 공학의 첫걸음이랍니다.

도전하는 사람

공부하는 사람

여러분은 무엇을 하면서 가장 많은 시간을 보내나요? 아마 공부겠지요? 친구들과 이야기도 하고 운동도 하고 게임도 하겠지만, 그보다 많은 시간 동안 공부를 할 거예요. 공학자가 된 사람들도 마찬가지예요. 공학자가 되기 위해서는 해야 할 공부가 정말 많아요.

공학의 기본이 되는 건 수학과 과학이에요. 그러니 당연히 수학, 과학 공부를 열심히 해야 하죠. 또 공학 지식을 활용해 새로운 물건을 설계하기 위해서는 컴퓨터도 잘 다룰 수 있어야 해요. 그뿐이 아니에요. 해외의 다양한 연구나 발명을 살펴보기 위해서는 일본어, 영어나 독일어 같은 외국어 능력도 필요해요. 공학자도 여러분처럼 공부를 많이 하는 사람이에요.

그렇다면 공부는 뭘까요? 지금 여러분이 배우고 있는 국어, 영어, 수학, 과학 같은 과목이겠지요. 그렇지만 만약 학교에서 배우는 많은 과목들만이 공부라면, 공학자는 공부하지 않는 사람이라고도 할 수 있어요. 조금 헷갈리죠? 방금까지 공학자는 공부하는 사람이라고 했다가 지금은 또 공부하지 않는 사람이라고 말하니까요.

하지만 공학이 무엇인지 다시 기억해 보면 헷갈리지 않을 거예요. 문제를 발견하는 것이 공학의 시작이라면, 그 문제를 해결하는 것은 공학을 완성해 가는 단계라고 할 수 있어요. 그런 측면에서 공부만 하는 사람은 결코 공학자가 될 수 없어요. 생각해 보세요. 매일 책만 펴들고 국어, 영어, 수학, 과학만 공부하는 사람이라면 우리를 불편하게 하는 문제를 해결할 수는 없을 거예요. 미국의 발명가이자 공학자인 에디슨이 책상 앞에서 영어, 수학, 과학 공부만 했을까요? 아니에요. 그랬다면 에디슨은 결코 그 많은 업적을 남기지 못했을 거예요.

공학에서 공부만큼 중요한 건 문제 해결 능력이에요. 문제 해결 능력이란 쉽게 말해서 어떤 문제를 발견했을 때 그 문제를 잘 해결해 나가는 능력이에요. 예를 들어 볼까요? 어제까지 잘 움직이던 장난감이 오늘 갑자기 작동하지 않을 때가 있지요? 그럴 때는 어떻게 하나요? 그 장난감은 그냥 놔두고 다른 장난감을 가지고 놀 수도 있겠죠.

하지만 공학자는 그러지 않아요. 고장의 원인이 무엇인지 알기 위해

장난감을 분해해 보든지, 무엇이 문제인지 인터넷이나 책을 찾아봐요. 이것이 바로 문제 해결 능력이에요. 공학자가 책상에 앉아서 공부하는 이유는 문제 해결 능력을 키우기 위해서예요.

장난감을 고치고 싶은 공학자는 공부를 할 수밖에 없어요. 전기가 안 통해서 장난감이 고장 난 것 같으면 전기 공학을 공부해야 하죠. 바퀴에 문제가 있는 것 같으면 기계 공학을 공부해야 하죠. 공부 그 자체를 목적으로 하는 사람을 '학자'라고 한다면, 문제 해결을 위한 도구를 사용하기 위해 공부하는 사람은 '공학자'예요.

도전을 계속하는 사람

공학자에게 공부보다 중요한 건 문제 해결 능력이에요. 그런데 문제 해결 능력이라는 것이 꼭 모든 문제를 해결해야 한다는 말은 아니에요. 포기하지 않고 그 문제를 풀기 위해 시도를 계속하는 것도 문제 해결 능력에 속해요. 실제로 에디슨은 전구를 발명하기 위해 수많은 실패를 했지만, 포기하지 않고 도전했기 때문에 전구를 발명할 수 있었어요. 다시 말하면 에디슨은 누구보다 문세 해결 능력이 높았던 공학자예요. 실패했을 때 포기하지 않고 다시 도전하는 능력이 누구보다 뛰어났지요. 한 번의 실패와 좌절도 없이 단번에 해결되는 공학적 문제는 거의 없어요.

문제 해결 능력이 뛰어났던 공학자 에디슨

여러분이 공학자를 꿈꾸어도 좋고, 그렇지 않아도 좋아요. 책상에 앉아서 공부만 하는 사람이 아니라 문제 해결 능력을 가진 사람이면 좋겠어요.

무엇이든 몸을 움직여 도전해 보세요. 자전거가 고장 났다고 무조건 수리점으로 가기보다는 이유가 무엇인지 살펴보는 건 어떨까요? 물이 100°C에서 끓는다는 걸 공부했다면, 물이 끓는 것을 지켜보며 물이 어떻게 움직이는지 살펴보면 어떨까요? 문제 해결 능력은 거창하거나 어려운 게 아니에요. 배운 것을 생활 속에서도 그대로 행동해 보는 것만으로 문제 해결 능력을 키울 수 있어요.

또 어떤 불편함이나 문제를 만나게 되었다면, 스스로 해결 방법을 찾아보고 직접 행동해 보는 것만으로도 충분해요. 그 과정에서 문제 해결 능력이 생기게 되니까요. 제가 여러분에게 드리고 싶은 말은 이것이에요.

"일단 시도해 봐! 괜찮아!"

상상력이 뛰어난 사람

과학은 공학의 시작

종종 사람들은 공학과 과학에 대해 헷갈려 합니다. 그럴 만도 해요. 공학과 과학은 너무나 밀접한 관계에 있기 때문이지요. 공학과 과학의 차이점에 대해서 간단하게 설명해 볼까요? 우선 과학은 자연 현상을 발견하고 이해하는 학문이에요. 반면 공학은 과학을 통해 발견하고 이해하게 된 자연의 원리를 이용해 사람들의 생활을 편리하게 하는 기술을 연구하는 학문이지요. 그러나 과학이 없다면 공학은 존재할 수 없을 거예요.

실제로 오늘날 대부분의 공학은 과학의 발전 위에 서 있어요. 눈에

보이지 않는 전기의 흐름을 발견하고 이해하게 된 것은 과학의 힘이었지요. 그런 과학의 힘이 없었다면 지금 전구나 컴퓨터 같은 공학적 발명은 없었을 거예요.

그러니 공학자는 과학을 열심히 공부할 수밖에 없어요. 과학을 소홀히 대하는 공학자는 있을 수 없어요. 공학에 도움이 되는 가장 중요한 학문을 하나만 고르라고 한다면, 단연 과학이에요. 그만큼 과학은 공학에서 중요해요. 그래서인지 종종 "과학을 잘하면 훌륭한 공학자가 될 수 있나요?"라는 질문을 하는 친구들이 있어요.

그런 친구들에게 저는 "아니요."라고 답해요. 그러면 질문한 친구는 어리둥절한 표정을 짓지요. 공학에서 가장 중요한 것이 과학이라고 해 놓고서는 과학을 잘해도 공학자가 될 수 없다고 대답했기 때문이죠. 공학을 위해서 과학이 필요하지만, 과학만 공부해서는 공학자가 되기 힘들어요. 공학에는 그보다 더 중요한 것이 있답니다.

존재하지 않는 것을 상상하는 능력

공학은 문제를 발견하고 그 문제를 해결하는 학문이에요. 과학은 그 문제를 해결하는 과정에서 필요한 학문일 뿐이에요. 공학에서 중요한 부분은 문제를 해결해서 인간을 조금 더 윤택하고 편리하게 만들어 주는 거예요.

초기에 만들어진 여러 가지 수레의 모습(©위키피디아)

무거운 짐을 옮겨야 한다고 생각해 봐요. 아주 먼 옛날에는 사람들이 그 무거운 짐을 직접 들고 옮겨야 했어요. 그다음에는 누군가 바퀴가 달린 수레를 이용했고 그다음에는 말이나 소를 이용해 마차를 끌게 했고, 그렇게 시간이 더 지나 오늘날에는 자동차나 비행기로 무거운 짐을 옮길 수 있게 되었어요.

여기서 생각해 봐야 할 것이 있어요. 사람들이 무거운 짐을 들고 다니던 시절에는 누구도 바퀴를 생각하지 못했고 마찬가지로 수레로 물건을 옮기던 시절에는 누구도 마차를 생각할 수 없었어요.

과학을 많이 공부했다고 해서 바퀴, 수레, 마차, 자동차, 비행기를 곧바로 발명할 수 있을까요? 아니에요. '무거운 짐을 동그란 물건 위에 올려서 밀면 편하지 않을까?'라는 생각이 먼저였을 거예요. 지금 생각하면 바퀴가 평범하게 여겨지겠지만, 당시에는 정말 놀라운 생각이었어요. 이렇게 그전에는 누구도 생각하지 못했던 것을 생각해 내는 것이 공학에서는 아주 중요해요. 이런 생각을 '상상력'이라고 하지요.

공학에서 중요한 것은 바로 상상력이에요. 라이트 형제가 비행기를 발명할 수 있었던 것은 '어떻게 하면 인간이 새처럼 하늘을 날 수 있을까?' 하는 생각에서 출발한 상상력 덕분이었어요. 상상을 할 수 없었다면 애초에 비행기를 만들 생각조차 하지 못했을 거예요.

공학에서는 누구도 생각할 수 없었던 것을 생각해 내는 상상력이 매우 중요해요. 문제는 수레로 물건을 나르는 것을 당연하게 여기는 시대에 말이나 기계를 사용해 물건을 옮길 수 있다는 상상을 할 수 있는 사람이 드물었다는 거예요.

공학자는 마음껏 상상할 수 있는 사람이에요. 모두가 당연하다고 여기는 것들에 대해 의문을 가지고 새로운 생각을 펼치고 문제를 해결하기 위해 도전하는 사람이 공학자가 될 수 있어요. 에디슨, 라이트 형제, 세종대왕, 장영실 등 훌륭한 공학자들은 모두 이런 상상력이 넘쳐났던 사람들이었어요. 여러분도 공학자를 꿈꾼다면, 마음껏 상상하는 것부터 시작해 보세요.

응용을
잘하는 사람

비빔밥 공학

비빔밥을 좋아하나요? 여러 가지 재료를 넣고 섞어서 비비는 게 비빔밥이잖아요? 그런데 비빔밥은 참 재미있는 음식이에요. 재료 하나하나는 그다지 특별한 맛이 없더라도, 그 재료를 다 넣어서 비비면 맛있으니까요. 어렸을 때 양파를 싫어해서 잘 먹지 않았는데, 비빔밥에 들어 있는 양파는 참 맛있었던 기억이 나요.

공학은 이렇게 여러 가지 재료를 섞는 비빔밥과 비슷한 면이 많아요. 두 가지 이상의 학문이 섞여서 전혀 다른 것이 탄생하기도 하거든요. 공학에는 '메카트로닉스'라는 분야가 있어요. 메카트로닉스는 기계

를 뜻하는 '메카닉'이라는 단어와 전자를 뜻하는 '일렉트로닉'이라는 단어가 합쳐진 말이에요.

공학에 메카트로닉스라는 분야가 왜 탄생했을까요? 공학이 발전하면서 기계 혹은 전자만으로 해결이 불가능한 문제들이 생겨나게 되었어요. 공학이 점점 발전하면서 이제는 기계 공학에도 전자 공학이 필요하게 되었고, 전자 공학에도 기계 공학이 필요한 일이 많아졌어요.

쉽게 이해하기 위해서는 자동차나 스마트폰을 떠올려 보면 됩니다. 자동차나 스마트폰은 여러 가지 부속품으로 이루어진 기계예요. 하지만 동시에 자동차와 스마트폰에는 많은 전자 장치들이 들어 있어요. 이처럼 이제는 기계와 전자를 동시에 다룰 수 있는 메카트로닉스 분야가 필요하게 되었어요.

'뇌 공학'이라는 것도 마찬가지예요. 뇌 공학은 인간의 뇌를 연구해서 그와 비슷한 기능을 가진 장치를 만들려는 공학이에요. 인간의 뇌 기능을 가진 장치를 뇌 공학에서는 '인공 지능'이라고 하지요. 인공 지능을 만들기 위해서는 생명 공학, 의료 공학, 컴퓨터 공학, 전기·전자 공학, 기계 공학 등 많은 분야를 응용해야 해요. 바로 비빔밥 공학이죠! 어떤 재료를 쓰느냐에 따라 완전히 새로운 맛의 비빔밥이 만들어질 수도 있어요. 앞으로의 공학에서는 이런 일이 더 많아질 거예요.

중요한 것은 창의성

공학에서 수학이나 과학만큼 중요한 것이 있어요. 바로 창의성이에요. 창의성은 새롭고 유용한 것을 만들어 내는 능력이에요. 주어진 문제를 해결하기 위해서는 새롭고 유용한 것들을 만들어 낼 수 있는 창의력이 중요해요. 또한 앞으로는 다양한 분야의 공학이 섞이지 않으면 해결할 수 없는 문제가 더 많이 나타날 거예요. '인간의 뇌를 만들 수 없을까?'라는 문제에 누군가 창의적으로 생명, 의료, 컴퓨터, 전기·전자, 기계 공학을 섞을 생각을 못했다면, 뇌 공학은 탄생하지도 발달하지도 못했을 거예요.

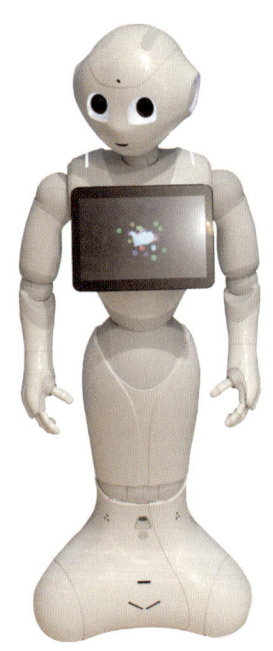

지능형 로봇 페퍼(ⓒ위키피디아)

수학과 과학을 잘하면 공학자가 되는 데 유리하기는 해요. 하지만 수학과 과학을 잘한다고 반드시 훌륭한 공학자가 된다고 말하기는 어려워요. 공학에서는 앞에서 말한 상상력과 창의성이 무엇보다 중요하기 때문이에요.

수학, 과학을 잘하는 사람은 기계 공학, 전기·전자 공학을 잘할 수는 있을 거예요. 하지만 공학은 훨씬 복잡하죠. 그 둘을 뒤섞어야 새로운 것을 만들어 문제를 해결할 수 있으니까요.

엉뚱한 도전에서 나오는 창의성

그렇다면 창의성은 어떻게 만들어질까요? 어떻게 하면 새롭고 유용한 것들을 만들어 내는 능력이 생길까요? 비빔밥에 관한 질문을 하나 할게요. 누가 맛있는 비빔밥을 만들 수 있을까요? 엄마가 넣던 재료만으로 더 맛있는 비빔밥을 만들 수 있을까요?

아니에요. 늘 넣던 재료만 넣으면 엄마가 해 주신 비빔밥을 흉내 낼 수는 있겠지만 그보다 더 맛있는 비빔밥은 만들 수 없어요. 더 맛있는 비빔밥을 만들기 위해서는 전혀 어울릴 것 같지 않은 다양한 재료들을 넣고 비벼 봐야 해요. 그 과정을 통해서 색다르고 더 맛있는 비빔밥을 만들게 될 거예요.

비빔밥에 전혀 어울릴 것 같지 않은 버터를 넣어 보기도 하고, 평소에 잘 먹지 않던 고추, 오이도 넣어 봐야 해요. 그렇게 만들다 보면, 어느 날 엄마가 만들어 준 비빔밥보다 더 맛있는 비빔밥을 만들 수 있을지도 몰라요.

창의성은 어렵지 않아요. 비빔밥을 만드는 것과 비슷해요. 창의성은 새롭고 유용한 어떤 것을 만드는 능력이잖아요. 훌륭한 공학자가 되기를 바란다면, 엉뚱한 행동도 많이 해 봐야 해요. 엉뚱한 재료를 넣은 비빔밥을 한 번도 만들어 보지 않은 사람은 결코 창의적인 비빔밥을 만들 수 없어요. 실제로 지금 훌륭한 공학자라고 알려진 사람들은 대부분 엉뚱한 생각이나 행동을 많이 했던 사람들이에요.

수많은 발명품을 만들었던 에디슨은 어린 시절에 병아리를 부화시킨다면서 직접 달걀을 품는 엉뚱한 행동을 했지요. 개인용 컴퓨터의 역사를 바꾼 스티브 잡스는 수개월간 인도와 히말라야로 여행을 떠나기도 했답니다. 이처럼 우리의 생활을 조금 더 낫게 만든 공학자 중에 엉뚱한 행동을 하지 않았던 사람은 거의 없어요.

엉뚱한 행동이라고 해서 나쁜 행동을 하라는 건 아니에요. 매일 보는 교과서 말고 읽고 싶은 책이 있다면 찾아서 읽어 보는 것도 엉뚱한 행동이에요. 가끔은 숙제를 하는 대신 장난감을 만들어 보는 것도 좋아요. 맛있는 비빔밥을 만드는 데 정답이 없듯이, 공학에도 창의성에도 정답은 없어요. 여러분이 관심이 있고 좋아하는 일들을 찾아 해 보는 가운데 창의성이 더 풍부해질 거예요.

6장

세상을 바꾸는 공학

다이너마이트의 두 얼굴

다이너마이트를 발명한 공학자, 노벨

'노벨상'에 대해 들어 본 적이 있나요? 2000년에는 우리나라의 김대중 전 대통령이 노벨 평화상을 받기도 했어요. 노벨상은 알프레드 노벨이라는 스웨덴 공학자의 이름을 딴 상이에요.

노벨은 '다이너마이트'라는 폭약을 발명한 화학자이자 공학자예요. 다이너마이트는 엄청난 폭발력 때문에 굉장히 위험한 물건이에요. 다이너마이트가 발명되기 전에도 폭약이 있기는 했지만 관리가 어렵고 원하지 않을 때 터지는 등 위험한 사고가 종종 일어나곤 했어요. 그런 폭약의 문제를 해결한 발명품이 바로 다이너마이트였어요. 그래서 '노

다이너마이트를 만든 알프레드 노벨

벨의 안전한 폭약'이라고 불리기도 했어요.

다이너마이트의 발명은 사람들에게 많은 편리함을 주었어요. 기존의 폭약보다 안전하고 강력해서 건설 현장이나 채굴 현장에서 널리 이용되었지요. 하지만 다이너마이트에 이런 편리함이나 유용함만 있었던 건 아니에요. 강력한 폭발력 덕분에 전쟁에서 위협적인 무기로 사용되었답니다. 편리함, 유용성이라는 얼굴과 사람들을 해치는 무기라는 얼굴을 동시에 갖고 있었던 발명품이었지요. 노벨은 다이너마이트의 발명으로 막대한 재산을 모았어요. 그러나 다이너마이트가 무기로 사용되면서, 세상 사람들에게 "사람을 더 많이, 더 빨리 죽이는 방법을 개발해 부자가 된 사람"이라는 비난을 들어야 했어요.

노벨은 왜 노벨상을 남겼을까요?

노벨은 인간에게 도움을 줄 목적으로 다이너마이트를 발명했지만 다이너마이트는 그 반대로도 많이 사용되었어요. 실제로 다이너마이트

가 무기로 사용되면서 수많은 사람들의 목숨을 앗아 갔으니까요. 노벨은 자신이 만든 다이너마이트로 인해 수많은 사람들이 목숨을 잃는 것을 보면서 몹시 마음 아파했다고 해요. 그래서 세상을 떠나면서 자신의 전 재산을 스웨덴의 왕립 과학원에 기부하면서 세계 평화와 인류의 발전에 큰 업적을 남긴 사람을 선정해 매년 노벨상과 상금을 수여해 달라고 유언을 남겼어요. 노벨상의 상금은 우리나라 돈으로 약 13억 원 정도예요.

노벨상은 물리학, 화학, 생리·화학, 문학, 평화, 경제학 6개 분야에서 수여되고 있어요. 발표는 매년 10월 초에 하고, 시상식은 노벨이 세상을 떠난 날인 12월 10일에 열려요. 원래 노벨상에는 경제학상이 없었는데 1969년에 추가되었답니다.

노벨의 다이너마이트는 인류에게 큰 깨달음을 주고 있어요. 공학의 발달이 늘 이로운 것만은 아니라는 사실이죠. 똑같은 물도 젖소가 먹으면 우유지만, 뱀이 먹으면 독이 될 수 있어요. 무슨 말이냐고요? 숲속에 젖소와 뱀이 함께 살고 있어요. 둘은 연못에서 물을 먹을 때 종종 만나곤 합니다. 둘은 같은 물을 먹지만 젖소가 먹은 물은 사람들에게 유용한 우유가 되고 뱀이 먹은 물은 사람들에게 위험한 독이 됩니다. 이처럼 공학이 물이라면, 그 물은 누구를 만나느냐에 따라 우유가 되기도 하고 독이 되기도 해요.

공학은 그 자체로는 좋은 것도 나쁜 것도 아니에요. 하지만 그 공학을 이용하는 사람이 누구인지에 따라 좋은 것이 될 수도 있고, 나쁜 것이 될 수도 있어요. 어떤 공학은 우리에게 젖소의 우유처럼 유용하지만, 또 어떤 공학은 뱀의 독처럼 위험합니다. 노벨의 다이너마이트가 사람들에게 도움을 주기도 했지만, 치명적인 해를 입히기도 했던 것처럼 말이에요.

공학은 사람들에게 항상 이로울까요?

공학의 두 얼굴

공학은 분명 사람들에게 편리함과 유용함을 줍니다. 자동차가 없던 시절이나 스마트폰이 없던 시절을 상상해 보면 바로 알 수 있지요. 우리는 공학자들이 만든 자동차와 비행기로 편리함과 유용함을 만끽하고 있어요. 하지만 공학은 인간에게 언제나 편리하고 유용하기만 한 것은 아니에요. 그 반대의 결과를 만들 수도 있어요.

자동차와 비행기를 만들 수 있는 공학 기술로 '전차'와 '전투기'를 만들 수도 있어요. 전차와 전투기는 전쟁에 사용되는 무기예요. 쉽게 말해서 전차는 사람을 해치기 위해 만들어진 차고, 전투기는 사람을 해치기 위해 발명된 비행기인 셈이에요.

공학은 언제나 두 얼굴을 가지고 있어요. 편리함과 유용함을 주는 얼굴과 위협하는 얼굴이죠. 공학 자체는 좋은 것도 나쁜 것도 아니에요. 사람들이 공학 기술을 어떻게 사용할지에 따라 좋은 공학이 될 수도 있고, 나쁜 공학이 될 수도 있으니까요. 이것을 조금 어려운 말로 '공학 윤리'라고 해요.

공학에도 지켜야 할 윤리가 있어요

공학에 관심이 있고, 또 공학자를 꿈꾸는 친구들에게 공학 윤리는 아주 중요합니다. 공학이 발전하면 발전할수록 편리함과 유용성이 커지겠지요? 하지만 동시에 공학의 위험성 역시 커지게 마련이에요. 아무리 뛰어난 공학 기술과 지식을 갖게 된다고 해도 그것을 올바른 방향으로 사용하지 못한다면, 인간에게 없는 것만 못한 것이 될 테니까요.

예를 들어 볼까요? 공학에는 원자력 공학이란 것이 있어요. 이 원자력 공학의 발전 덕분에 많은 사람들이 편리하고 유용하게 전기를 얻게 되었지요. 하지만 원자력 공학의 발전은 수많은 사람들의 목숨을 앗아갈 수 있는 무시무시한 핵폭탄도 탄생시켰지요.

이런 문제는 지나간 과거의 일이 아니에요. 지금 컴퓨터 공학에서는 인공 지능이 중요한 공학 기술로 떠오르고 있는데 인공 지능에도 두

인류가 만들어 낸 가장 위험한 무기 중 하나인 원자 폭탄

얼굴이 있어요. 인공 지능 기술은 인간에게 편리함도 주지만 인간의 일자리를 빼앗고 나아가 인간을 위협하는 존재가 될지도 몰라요.

인공 지능을 만들어 내는 컴퓨터 공학은 핵폭탄을 만든 원자력 공학만큼 위험하다고 말할 수 있어요. 컴퓨터 공학자가 인공 지능 기술을 올바른 방향으로 다루지 못한다면, 머지않은 미래에 사람들은 기계의 지배를 받을지도 몰라요. 인간이 기계에 지배당하고 있는 모습을 그리는 많은 영화들을 그저 영화일 뿐이라고 흘려 넘길 수는 없어요.

식량 문제를 해결하기 위해 유전자를 재조합하여 새로운 식물 품종을 만들 수 있게 되었어요. 에너지 문제를 해결하기 위해 새로운 에너지를 만들 수도 있어요. 인류의 질병 문제를 해결하기 위해 유전자 복

제, 인공 수정 등을 계속 발달시킬 수도 있어요. 하지만 그로 인해 인간이 기계의 노예가 되고, 환경이 파괴되고, 생명의 가치가 무시될 위험이 언제나 존재해요.

  공학이 언제나 인간에게 이로운 것이라고 생각해서는 안 돼요. 두 얼굴을 가진 공학을 다루는 사람들은 공학이 사람들에게 이로운 공학이 되도록 끊임없이 점검하고 노력해야 한답니다.

공학을 어떻게 사용해야 할까요?

좋은 공학 VS 나쁜 공학

공학을 어떻게 사용할 것인가의 문제는 굉장히 중요해요. 공학을 어떻게 사용하느냐에 따라 인간에게 도움을 줄 수도 있고, 반대로 큰 위협을 줄 수도 있으니까요. 공학이 좋지 않은 방향으로 이용될 때 나쁜 공학이 되고, 올바른 방향으로 사용될 때 좋은 공학이 될 거예요.

좋은 공학은 인간의 생활을 윤택하게 하는 공학이에요. 사람들이 느끼는 많은 불편함이나 문제를 해결해서 조금 더 나은 삶을 살게 해 주는 공학이지요. 에디슨의 전구, 라이트 형제의 비행기, 벨의 전화기 같은 발명품들이 대표적인 좋은 공학의 결과물이에요.

그렇다면 나쁜 공학은 어떤 공학일까요? 그것은 사람들의 생활을 위협하고 해를 끼치는 공학이에요. 핵폭탄, 전차, 전투기, 미사일 같은 전쟁 무기가 대표적인 나쁜 공학의 결과물들이에요.

이제 좋은 공학자가 어떤 사람인지 답할 수 있겠지요? 공학을 이용해 사람들의 생활을 윤택하게 만들려고 노력하는 공학자가 좋은 공학자예요. 원자력 공학을 이용해 사람들에게 유용한 원자력 발전소를 만들기 위해 노력하는 사람도 좋은 공학자이지요. 더 나아가 자연을 파괴하지 않으면서 유용하고 안전한 발전소를 만들기 위해 노력하는 공학자도 좋은 공학자랍니다.

좋은 공학자는 자신이 만든 발명품이 사람들에게 어떤 영향을 미치게 될지 끊임없이 질문해야 해요. 사람들의 생활을 윤택하게 만들기 위해 공학을 이용했지만, 그 결과물이 자신의 의도와 관계없이 사람들에게 해를 끼칠 수도 있으니까요.

책임은 우리 모두에게 있어요

좋은 공학에 대해서 이야기할 때, 하나 더 알아두어야 할 것이 있어요. 좋은 공학과 나쁜 공학의 모든 책임이 공학자에게만 있는 건 아니라는 거죠. 컴퓨터와 자동차는 분명 좋은 공학이에요. 그런데 컴퓨터와 자동차가 항상 사람들의 생활을 윤택하게 만들까요? 아니지요. 우리가

어떻게 사용하느냐에 따라 자동차와 컴퓨터는 좋은 공학이 될 수도 나쁜 공학이 될 수도 있어요. 누군지 모를 거라는 이유로 컴퓨터로 인터넷에 접속해서 나쁜 댓글만 달거나, 컴퓨터 게임에 중독된다거나 불법적으로 이용한다면 컴퓨터는 나쁜 공학이 될 거예요. 자동차를 부주의하게 사용해 사람을 다치게 하면 그것 역시 나쁜 공학이 되지요.

이처럼 좋은 공학은 공학자가 만드는 것이기도 하지만, 그 공학 발명품을 사용하는 사람이 만드는 것이기도 해요. 우리를 편리하게 해 주는 물건들이 있다면, 그 물건들을 올바른 방향으로 사용하는 것도 아주 중요해요.

세상을 바꾸는 좋은 공학은 결국 공학자와 우리가 함께 만드는 거예요. 공학자는 불편함이나 문제를 해결하기 위해 노력하고 우리는 그것을 올바로 잘 사용할 때, 공학은 세상을 더 좋은 방향으로 발전시킬 수 있을 거예요. 우리 모두 공학이 세상을 더 멋지게 바꾸도록 함께 노력해 봐요.

글을 마치며

우리 주변에는
항상 공학이 있어요

　이제 공학이 어떤 것인지, 공학자는 어떤 일을 하는 사람인지 알게 되었을 거예요. 공학이라는 학문에 흥미를 가지게 된 친구도 있을 테고, 딱히 흥미를 느끼지 못한 친구들도 있겠지요. 모두에게 마지막으로 하고 싶은 이야기가 있어요.

　공학에 대해서 관심을 갖게 되었다면, 그 관심을 꾸준히 이어 가면 좋겠어요. 앞에서도 말한 것처럼 공학 안에도 많은 분야가 있으니까요. 평소 게임이나 컴퓨터에 관심이 많다면 컴퓨터 공학에 관심을 가져 보고, 자동차나 비행기에 관심이 많다면 기계 공학이나 항공 공학에 조금 더 관심을 가지는 것도 좋아요. 여러분이 무엇을 좋아하건 그 분야에 관련된 공학이 반드시 있을 거예요.

공학에 흥미가 많지 않은 친구들에게 하고 싶은 이야기도 있어요. 공학은 세상의 많은 분야 중 하나일 뿐이에요. 세상에는 여러분이 좋아하고 도전할 만한 일들이 여전히 많아요. 그러니 또 다른 꿈을 부지런히 찾아 나섰으면 좋겠어요. 소설가가 될 수도 있고, 영화감독이 될 수도 있고, 멋진 노래를 부르는 가수가 될 수도 있지요. 여러분 모두에게는 좋아하는 일이 있고, 잘할 수 있는 일이 있어요.

다만 공학이 그 분야가 아닐 뿐이에요. 공학 대신 여러분을 설레게 하는 일을 찾을 수 있기를 바랄게요. 다만 어떤 영역에서 꿈을 펼치든지 간에 여러분 주변에는 항상 공학이 있다는 사실을 잊지 말아 주세요. 그 공학을 이해하고 여러분의 꿈을 이루는 데 더 멋지게 활용해 주면 좋겠어요.

또 어떤 꿈을 가지든, 어떤 공부를 하든 여러분이 늘 즐거웠으면 좋겠어요. 하루하루가 설레고 즐거운 날들로 채워졌으면 좋겠어요. 공학도 좋고, 과학도 좋고, 수학도 좋아요. 게임도 좋고, 만화도 좋고, 노래도 좋고, 운동장에서 뛰노는 것도 좋아요. 그것이 무엇이든 여러분의 하루가 즐겁고 행복하면 좋겠습니다.

황진규

공학은 세상을 어떻게 바꾸었을까?

초판 1쇄 발행 2017년 4월 3일
초판 12쇄 발행 2025년 2월 24일

글 | 황진규
그림 | 박연옥
펴낸이 | 한순 이희섭
펴낸곳 | (주)도서출판 나무생각
편집 | 양미애 백모란
디자인 | 박민선
마케팅 | 이재석
출판등록 | 1999년 8월 19일 제1999-000112호
주소 | 서울특별시 마포구 월드컵로 70-4 (서교동) 1F
전화 | 02)334-3339, 3308, 3361
팩스 | 02)334-3318
이메일 | book@namubook.co.kr
홈페이지 | www.namubook.co.kr
블로그 | blog.naver.com/tree3339

ISBN 979-11-86688-84-7 73500

값은 뒤표지에 있습니다.
잘못된 책은 바꿔 드립니다.

*종이에 베이거나 긁히지 않도록 조심하세요.
*책 모서리가 날카로우니 던지거나 떨어뜨리지 마세요. (사용연령: 8세 이상)
*KC마크는 이 제품이 공통안전기준에 적합하였음을 의미합니다.